Elfi Schuster · Oliver Jarau

Rühr dich spür dich

Ein Feuerwerk von Bewegungsideen:
praxiserprobt, unkonventionell, effektiv,
mit schnell einsetzbaren Kleinmaterialien
für Kinder von 2 – 6 Jahren

Illustrationen: Rebecca Meyer

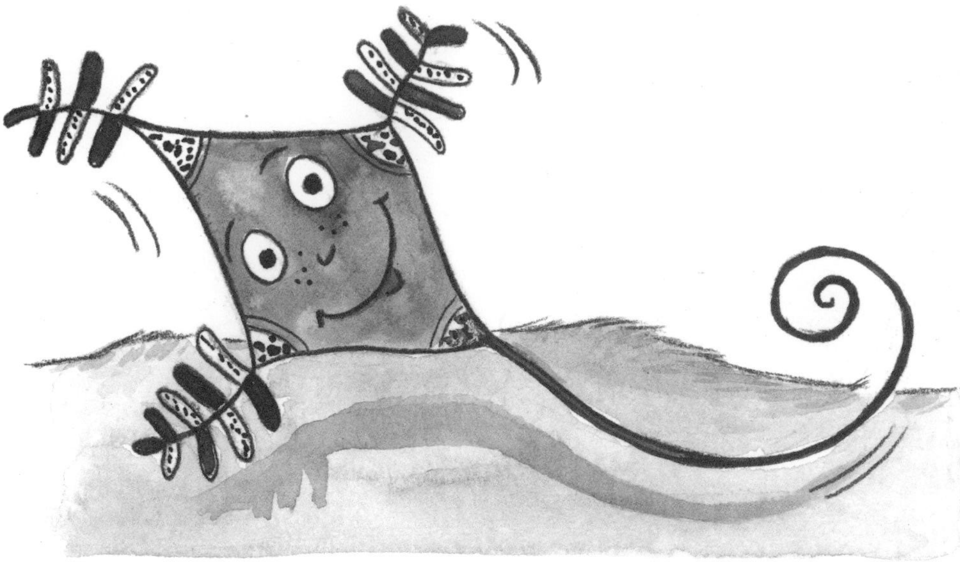

Ökotopia Verlag, Münster

Impressum

AutorInnen Elfi Schuster, Oliver Jarau
Illustrationen Rebecca Meyer
Satz art applied . Hennes Wegmann, Münster
Herausgeber Buchwerk Bernhard Schön, Idstein
ISBN 978-3-86702-191-3

1. Auflage

Zu diesem Buch gibt es die CD mit dem Titel
Kinder kommen in Bewegung

ISBN 978-3-86702-009-1

Inhalt

Vorwort

Das Buch ist aus der Praxis für die Praxis entstanden. Durch das intensive Beobachten der Kinder in der Bewegung haben wir viel gelernt, ausprobiert und dabei neue Spiele und Spielmaterialien entdeckt. Auch der Umgang der Erwachsenen mit den Kindern und das Miteinander der Kinder haben uns viele neue Erkenntnisse gebracht und zu kreativen Bewegungsspielen angeregt.
Die Spielanregungen sind in Krippe, Kindergarten, Horten, Spielgruppen und auch in der Grundschule im Bewegungsraum und Turnsaal, teilweise im Klassenzimmer oder Aufenthaltsraum, bei Elternabenden aber auch im Freien bei Spielfesten gut umzusetzen.

Wir haben das Buch für alle gemacht, die vor allem Spaß an der Bewegung haben, denn in der heutigen Zeit steht häufig der Leistungsgedanke im Vordergrund. „Mein Kind muss in den Turnverein gehen, ein Musikinstrument lernen, so schnell wie möglich lesen und schreiben können" sind relativ häufig zu hörende Aussagen von Eltern, die nicht merken, dass sie ihren Kindern so keine Zeit zum Reifen lassen. Die ständig zunehmende Reizüberflutung überfordert die Kinder, und sie lernen nicht, sich ausführlich mit einer Sache zu beschäftigen. Später wird dann in Schule, Ausbildung und Hochschule über mangelnde Konzentrationsfähigkeit der Jugendlichen geklagt.

Ähnliches lässt sich beim Spielzeug beobachten. Bei unseren Spielvorschlägen gibt es dagegen eine differenzierte Aneignung und Auseinanderzusetzung mit den Materialien. Entsprechend haben wir auch die Kapitel nach Spielmaterialien geordnet.
Unsere Spielmaterialien sind oftmals Abfallprodukte und selbst angefertigt; sie kosten wenig und sind leicht zu lagern. Wenn ein Kind zuerst ein Spielgerät mitgestaltet, es beispielsweise den „Drachen" (s. „Drache und Luftballon") bunt bemalt und danach die Anregung mit anderen umsetzt, baut es eine viel intensivere Beziehung zu diesem Spielmaterial auf als zu gekauftem. Das Kind kann dann in seinem eigenen Tempo üben und ausprobieren und wird nicht überfordert.

Mit Geduld, Ausdauer, Kraft und Humor können Kinder – und auch die Erwachsenen – Neues entdecken und auch das „Loslassen" lernen. Viele Spiele lassen sich natürlich auch mit den in Kindergärten und Schulen vorhandenen Materialien umsetzen.
Konflikte zwischen Kindern oder auch zwischen Erwachsenen und Kindern werden gar nicht so selten durch Bewegung gelöst. Denn Bewegung gibt den Kindern Sicherheit, lässt sie reifen und be-greifen, bringt Anspannung aber auch Entspannung und Ausgeglichenheit, hat einen großen Humoranteil und immer eine persönliche Note. Unser Tipp: Beteiligen Sie

die Kinder als Partner – entsprechend ihrem Alter und ihrer Entwicklung. Kinder brauchen einen Ordnungsrahmen und Grenzen. Diese können beim Aufbauen und Wegräumen sowie durch klare Spielvorgaben geübt werden. Innerhalb solcher Vorgaben sollen sie sich austoben können und dürfen kreativ sein.

Ein Schwerpunkt des Buches liegt in der Schulung der koordinativen Fähigkeiten, die von den Kindern ganz locker und spielerisch geübt werden. Mit der Schulung dieser Fähigkeiten kann gar nicht früh genug begonnen werden. Heute sind große Mängel bei den grundlegenden sensomotorischen Fähigkeiten zu beobachten, die Kinder haben immer seltener die Möglichkeit, konkrete Erfahrungen in der freien Natur zu sammeln und sich dort auszutoben. Es gibt allerdings auch zu wenige Frei- und Bewegungsräume in den Städten, wo die Kinder ungezwungen turnen und tollen könnten. Überallhin werden sie mit dem Auto transportiert und wieder abgeholt, anstatt selbst mit dem Rad zu fahren oder kurze Wegstrecken zu Fuß zu gehen.

Wir möchten Sie alle, Eltern und PädagogInnen, dazu motivieren, dass Sie die Kinder wieder verstärkt zur lustvollen Bewegung und zum ungezwungenen Spiel ermuntern, ihnen die nötigen Anreize und Bewegungsmöglichkeiten bieten und damit die besten Entfaltungsmöglichkeiten zur Entwicklung ihrer sensomotorischen Fähigkeiten geben.

Wir bedanken uns bei allen Kindern und Eltern, die mit uns über Jahre hinweg unsere Spielideen weiterentwickelt und in der Praxis erprobt haben. Es waren fast immer sehr heitere und vergnügliche Stunden die wir gemeinsam erleben durften. Das größte Kompliment ist für uns immer ein zufriedenes Lächeln in den Gesichtern der Kinder!

Umgang mit dem Buch

Kinder brauchen Zeit zum Erproben und zum Erfahren – und können darauf aufbauen. Nach diesen Gesichtspunkten sind die Spiele zusammengestellt:

- Kinder brauchen Sicherheit, deshalb gibt es Ordnungsübungen und Rituale.
- Kinder brauchen Ruhe – daher bieten wir vorgegebene Ruheplätze (Tuch, Reifen, Bank ...) an.
- Kinder brauchen Freiheit – nicht nur räumlich, sondern auch gestalterisch.
- Erwachsene haben unterschiedliche Ideen und Vorstellungen – die Spiele sind so ausgewählt, dass sie jeder individuell gestalten kann.
- Für Erwachsene und Kinder gibt es Regeln – Zuschauen oder Mitmachen; auch beim Zusehen wird gelernt.
- Kinder sind in ihrer Entwicklung unterschiedlich weit – daher vermeiden wir genaue Altersangaben und unterscheiden lediglich nach Jüngeren und Älteren. Spielanregungen und Übungen für Jüngere sind mit einem Symbol gekennzeichnet:

Die *Materialien* sprechen alle Sinne an, einige können Sie selbst ohne großen Aufwand herstellen. Es gibt Spiele mit kleinem und großem *Raumbedarf* – sie werden zur schnelleren Übersicht entsprechend gekennzeichnet. Die *Musik* ist so ausgewählt, dass sie nicht dominiert. Sie kann bei Bedarf unterbrochen und beliebig wieder fortgesetzt werden.
Die Spiele sind *geeignet für* Familienausflüge, Elternabende, Kindergruppen (Krippe, Kindergarten, Vorschule, Eltern-Kind-Gruppe ...). Die Erwachsenen erleben ihr Kind im Kreise anderer, lernen selbst Gleichgesinnte kennen und können bei vielen Spielübungen ihrem Körper Gutes tun: aufwärmen im langsamen Tempo, dehnen, richtig heben, Rückenschule, Koordinationsschulung – oder einfach Spaß haben!
In unseren Gruppen spielt Musik eine große Rolle. Wir haben Ihnen mit dem CD-Symbol Vorschläge gemacht, wo Sie welche Stücke der CD *„Kinder kommen in Bewegung“* (s. Impressum) einsetzen können.

Zum Schluss möchten wir Ihnen noch einmal ans Herz legen: Lassen Sie sich und den Kindern Zeit und Raum; Kinder brauchen viel Geduld – in der heutigen schnelllebigen Zeit keine Selbstverständlichkeit –, nehmen Sie sich dafür genügend Zeit: Es lohnt sich!
Allen Kindern und auch Ihnen wünschen wir viel Freude beim gemeinsamen „Rühren und Spüren“.

Elfi Schuster, Oliver Jarau

Begrüßungstanz

Ziele

- ➡ Kennenlernen der Gruppenteilnehmer
- ➡ Wahrnehmung der Gruppe
- ➡ Selbstdarstellung in der Gruppe
- ➡ Gemeinschaftsspiel
- ➡ Kommunikation

Material: Teppichfließen, Gymnastikmatten, Bälle, Stofftiere und Tücher

Alle ins Nest

Nr. 2 oder 16

Zur Musik bewegen sich die Kinder frei im Raum. Bei Musikstopp sagt die Spielleitung: „Alle ins Nest“, und die Erwachsenen setzen sich schnell im Grätschsitz, z. B. auf eine Gymnastikmatte, nieder. Die Kinder nehmen zwischen den Beinen der Erwachsenen Platz (= das Kind ins Nest!). Beim zweiten Musikstopp mit dem Kind im Nest schaukeln, beim dritten Musikstopp setzen sich die Erwachsenen mit angewinkelten Beinen nieder, und die Kinder stellen sich auf die aufgestellten Knie der Großen, die den Kindern an den Händen Halt geben (Gleichgewichtsschulung). Beim vierten Musikstopp setzen sich die Erwachsenen mit angewinkelten Beinen nieder, und die Kinder stellen sich dahinter und klettern auf die Schultern der Erwachsenen.

Varianten

Alle Kinder laufen mit einem Stofftier umher. Bei Musikstopp gehen sie paarweise zusammen und führen mit den Stofftieren verschiedene Turnübungen durch (Hüpfen, Springen, Stampfen, Rollen, u.a.)

Zur Musik bewegen sich die Kinder frei im Raum, in dem Matten ausgelegt sind. Bei Musikstopp sitzen sie auf einem Overball, sie schaukeln, sie tippen drauf oder verwenden ihn als Kopfpolster.

Zur Musik laufen die Kinder frei im Raum. Bei Musikstopp führen sie auf den Matten unterschiedliche Übungen aus:

- Nehmen verschiedene Körperlagen (z. B. Bauch, Rücken, Seite) ein
- Sitzen und stampfen mit den Beinen
- Sitzen und drehen sich um die Körperachse
- Knien und verstecken den Kopf zwischen den Beinen
- Zur Musik tanzen alle Kinder mit den Tüchern. Einige Takte vor- und einige rückwärts. Bei Musikstopp wird das Tuch zur Verkleidung verwendet.

Der Ball ist rund – Sitz-, Over-, Soft- und Schleuderbälle

Sitz- oder Pezziball

Ziele

- ➡ Koordinationsfähigkeit (Gleichgewicht, Reaktion Rhythmus)
- ➡ Spiel allein, zu zweit und in der Gruppe
- ➡ Auf und Abbau von Spannungen – festhalten und loslassen
- ➡ Vertrauen lernen
- ➡ Ordnung lernen
- ➡ Fantasie fördern
- ➡ Einhalten kleiner Regeln
- ➡ Eigene Ideen einbringen

Material: 1 Pezziball pro Person (Kinderball 45 cm Durchmesser, Erwachsene 65 cm); Kennenlernen des Balls durch freies Ballspiel (rollen, tragen, ...); Kennenlernen des Sitzballs im Kreis. Legen Sie zur Absicherung eventuell Matten darunter.

Bimmel, bammel, bommel

Die Kinder knien hinter dem Pezziball und trommeln zum Text *„Bimmel, bammel, bommel, die Katze schlägt die Trommel* ...“ abwechselnd mit den Händen auf den Pezziball. Bei der Textstelle *„Vier Mäuse gehen in der Reih“* legen sich die Kinder mit dem Bauch auf den Ball und bewegen sich mit den Händen am Boden vorwärts, bis sie mit den Oberschenkeln auf dem Ball aufliegen. In dieser Position wird kurz das Gleichgewicht gehalten, und danach rollen sich die Kinder schnell wieder zurück in die kniende Position. Zur Textstelle *„die ganze Erde dröhnt dabei!“* klopfen die Kinder wieder abwechselnd mit den Händen fest auf den Pezziball.

Bimmel, bammel, bommel,
die Katze schlägt die Trommel.
Vier Mäuse gehen in der Reih,
die ganze Erde dröhnt dabei!

Variante: Probieren Sie es auch mit den Füßen!

Variante für Jüngere: Sie begleiten trommelnd den ganzen Text. Bei gemischten Gruppen mit älteren Kindern und Erwachsenen können diese ihren Kleinen helfen, mit dem Bauch auf dem Pezziball zu liegen.

Die Bestimmer

Zwei Kinder werden als „Bestimmer" ausgewählt; sie sitzen auf der einen Seite des Raums, die anderen Kinder auf der gegenüberliegenden. Die Bestimmer werden gefragt: „Wie dürfen wir zu euch kommen?", und diese geben verschiedene Bewegungsübungen mit dem Pezziball vor:

- Den Ball fest zum Körper drücken und gehen
- Den Ball über den Kopf heben
- Den Ball unter einen Arm einklemmen
- Den Ball mit der Handfläche vorwärtsrollen (mit den Fingern, der Faust ...)
- Den Ball zur anderen Seite prellen
- Den Ball mit den Fuß rollen

Die anderen Kinder bewegen sich nun auf eine vorgegebene Übungsart zu den Bestimmern. Die Spielleitung wählt zwei neue Bestimmer für die nächste Runde

Rollende Bälle

Die Kinder stehen im Kreis, jedes dritte hat einen Pezziball. Auf Vorgabe der Spielleitung werden die Bälle auf unterschiedliche Weise zum nächsten weitergegeben:

- Rollen (offene Handflächen, Faust, Handrücken u.a.)
- Übergeben in verschiedenen Höhen
- Prellen für ältere Kinder, Fallenlassen für die Kleinen
- Werfen für ältere Kinder

Klangorchester

Nr. 2

Die Kinder laufen zur Musik zwischen den Pezzibällen herum, die frei im Raum liegen und nicht berührt werden dürfen. Bei Musikstopp sucht sich jedes Kind einen Pezziball und erzeugt ein Geräusch mithilfe des Balles (z. B. auf den Ball trommeln, klopfen, am Ball kratzen). Bieten Sie diese Übung öfter an.

Partnerspiele

Die Kinder bilden Paare und stellen sich gegenüber auf. Die Spielleitung macht die Vorgaben:

- Pezziball hin und her rollen – Abstand vergrößern
- Hin und her prellen
- Hin und her werfen für Ältere
- Mit der Hand den Ball übergeben
- Mit dem Fuß den Ball übergeben
- Mit beiden Beinen den Ball hochheben und übergeben

Koordinationsübungen

Für diese Übungen müssen mehrere Erwachsene anwesend sein. Bis zu drei Pezzibälle, die auf Matten liegen, werden von mindestens zwei Erwachsenen gehalten, sodass eine Reihe entsteht, auf der die Kinder Übungen zur Schulung des Gleichgewichts machen können. Stabiler sind die Übungen, wenn der Pezziball jeweils in einem alten LKW-Autoschlauch liegt (Ventile müssen nach unten zeigen!). Die Spielleitung gibt für Jüngere vor, über die Bälle auf allen Vieren zu krabbeln (ggf. Hilfestellung für die Kleinen).

Varianten für Ältere

Die Kinder versuchen,

- über die Pezzibälle-Reihe zu gehen;
- auf einem Pezziball zu knien – Handhaltung und leicht hopsen;
- auf einem Pezziball zu stehen und mit den Füßen zu „trippeln";
- auf einem Pezziball zu stehen und abwechselnd ein Auge, danach beide zu schließen (Hilfestellung!);
- ruhig mit „Schmetterlingsarmen" auf dem Ball zu stehen bzw. die Hüfte hin und her zu bewegen.

Tipp: Die Erwachsenen müssen immer zur Hilfestellung bereit sein!

Konzentrationsspiel

Material: 3 verschiedene Bälle (z. B. Pezziball, Overball, Softball)

Jeder Ball hat eine andere Aufgabenstellung z. B. wird der Pezziball gerollt, der Overball geprellt, der Softball weitergereicht. Die Kinder stehen in Kreisform, und das Spiel beginnt mit einem Ball. Nach zwei bis drei Kindern wird der nächste Ball ins Spiel gebracht etc. Es gelingt mit ca. sechs Personen. Ein Versuch lohnt sich!

Abschlussspiel Nr. 17

Material: pro Paar 1 Pezziball und 1 Matte

Die Kinder sitzen Rücken an Rücken, zwischen sich den Pezziball. Mit leichten Rollbewegungen wiegen sie sich hin und her und erleben dabei eine wunderbare Entspannung.

Overball

Ziele

- Geschicklichkeit
- Konzentration
- Grob- und Feinmotorik
- Kreativität
- Anspannung – Entspannung
- Einzel- und Gruppenspiele

Material: Overbälle sind weich, griffig, aus Vinyl und müssen mit einem Trinkhalm aufgeblasen werden. Wenn die Luft wieder ausgelassen ist, wird der Overball so klein, dass er in jede Tasche passt. In aufgeblasenem Zustand misst er im Durchmesser etwa 26 Zentimeter. Sie erhalten Overbälle in führenden Sportgeschäften, wo sie allerdings meist bestellt werden müssen.

Ich sage dir, wer ich bin

Bei diesem Kennenlernspiel sitzen alle Kinder im Kreis. Der Ball wird immer wieder von einem Kind oder Erwachsenen zu einem anderen Kind gerollt, das sich mit seinem Namen vorstellt. Je nach Alter der Kinder kann die Vorstellung erweitert werden (z. B. im Stehen den Ball zuwerfen bzw. -prellen). Zusätzlich kann die Spielleitung fragen: „Wie alt bist du?" „Kennst du jemanden hier?" Seien Sie nicht überrascht, wenn sich vor allem kleinere Kinder weigern, den Ball herzugeben. Zeigen Sie nochmals das Weitergeben vor! Falls es nicht hilft, nehmen Sie einfach einen zweiten Ball dazu.

Balltiger

Material: Wäscheleine und mehrere Overbälle (gerade Zahl)

Die Wäscheleine nur so hoch spannen, dass ein Ball leicht darübergeworfen werden kann. Die Kinder in zwei Gruppen aufteilen, die in den zwei Spielhälften stehen. Die Bälle werden auf die beiden Mannschaften gleichmäßig verteilt. Ziel ist es, die eigenen Bälle möglichst schnell loszuwerden, indem sie in das gegnerische Feld geworfen werden. Die Bälle der Gegner dürfen nicht ins eigene Feld oder müssen ganz schnell zurückgeworfen werden. Die Abwehr ist mit Händen und Füßen erlaubt.
Nach einer bestimmten Zeit stoppt die Spielleitung, und dann wird gezählt, wie viele Bälle sich in jeder Hälfte befinden.

Variante: Den Ball mit den Füßen unter der Leine durchrollen.

Fang den Ball

Nr. 4

Die Kinder stehen mit geringem Abstand einander gegenüber und werfen sich den Ball zu. Wer kann ihn fangen und zurückwerfen? (Abstand vergrößern!) Nach einigen Versuchen spielt ein Erwachsener den Jongleur (d. h. den Ball einige Male auftippen, hochwerfen ...) und spielt dann den Ball zurück. Wer kann das schon nachmachen?

Tunnelball

Die Kinder stellen sich hintereinander mit gespreizten Beinen auf. Das letzte in der Gruppe rollt einen Ball durch die Beine der anderen. Vorne angekommen wird der Ball vom ersten Kind nach hinten getragen und wieder nach vorne durchgerollt.

Variante: Für ältere Kinder ist das Spiel als Staffelwettbewerb geeignet.

Alle Bälle fliegen hoch

Material: Mehrere Bälle, Leintuch

Die Bälle in ein Leintuch legen. Zwei Erwachsene halten das gespannte Leintuch. Auf das Kommando „Eins, zwei, drei" das Tuch fest spannen und hochheben. Dadurch fliegen die Bälle nach oben. Im Anschluss sammeln die Kinder alle Bälle wieder ein (wie viele Bälle kann jeder tragen?), und das lustige Spiel geht von vorn los.

Varianten

Einige Kinder halten sich am Tuch fest. Es wird gerüttelt und geschüttelt, bis die Bälle herausfallen. Die anderen Kinder haben die Aufgabe, ganz schnell die herumliegenden Bälle wieder einzusammeln und in das bewegte Tuch zu werfen.

Tischtennisbälle statt Overbälle verwenden! Achten Sie auf die veränderten Geräusche (Rollen, Rieseln) und Bewegungsmuster.

Ball tragen

Nr. 6

Der Ball wird auf viele verschiedene Arten von einer Hallenseite zur anderen getragen:

- Mit den Händen
- Mit den Daumen und Zeigefingern
- Zwischen den Handrücken
- Zwischen den Ellbogen
- Unter einem Arm
- Auf beiden Handflächen
- Auf einer Handfläche
- Hoch in der Luft haltend
- Auf dem Rücken mit Unterstützung der Hände

Mit Kopf, Hand und Fuß

Nr. 8

Jedes Kind hält einen Ball fest vor dem Bauch und läuft so zur Musik im Raum herum. Bei Musikstopp ruft die Spielleitung „Kopf", die Kinder bleiben stehen und sollen den Ball hoch über den Kopf halten. Bei „Hand" die Arme nach vorne strecken und den Ball in den offenen Handflächen halten. Bei „Fuß" mit einem Fuß auf den Ball stellen.

Halte den Ball

Für dieses Spiel gibt es verschiedene Varianten mit einer gemeinsamen Regel, von der Spielleitung verkündet: „Der Ball muss immer den Körper berühren und soll nicht auf den Boden fallen":

- Den Ball auf den Rücken halten und auf den Zehenspitzen gehen.
- Auf dem Boden sitzen, den Ball zwischen den Füßen halten und die Beine heben und senken.
- Mit gestreckten Beinen auf dem Boden sitzen, der Ball liegt auf den Beinen; durch Heben und Senken der Beine rollt der Ball hin und her (soll aber nicht herunterrollen).
- Bei der Partnerübung liegt ein Kind auf dem Rücken, klemmt einen Ball zwischen die Füße und hebt die Beine hoch. Das andere übernimmt im Stehen den Ball, legt sich hin und macht die Übung nach.
- Die Kinder liegen auf dem Rücken und halten einen Ball zwischen den Händen. Gelingt es aufzustehen, ohne den Ball zu verlieren?

Zwei mit einem Ball

Nr. 3

Die Bälle liegen im Raum verteilt. Zur Laufmusik können sich die Kinder zwischen den Bällen frei bewegen. Bei Musikstopp werden verschiedene Übungen zu zweit mit einem Ball durchgeführt (freie Partnerwahl):

- Einen Ball zu zweit nehmen und halten
- Mit je einer flachen Hand zueinander drücken
- Mit je einem Handrücken zueinander drücken
- Mit je einem Zeigefingern, Daumen, etc. zueinander drücken
- Mit dem Kopf, Bauch, Ober-, Unterschenkel den Ball zueinander drücken

Variante: Auch die Füße sind zum Spielen da! Den Ball zum Partner rollen (Rist, Ferse, Zehen, Innenseite); im Sitzen den Ball mit den Füßen zueinander drücken.

Was kann der Ball?

Ich geh mit meinem Ball spazieren und stoße nirgends an.
Ich geh mit meinem Ball spazieren und trage, wie ich kann.

Zu diesem Spruch werden verschiedene Übungen vorgegeben, oder die Kinder erfinden selbst welche, z. B.:

- Werfen (hoch, weit, gegen die Wand, u. a.)
- Rollen (mit den Händen, Füßen)
- Prellen
- Kreiseln

Wer erwischt mich?

Die Weich- und Overbälle liegen im Raum verteilt. Die Kinder sollen die Bälle aufnehmen und sich gegenseitig abwerfen.

Zehnerle

Ein Spiel für ältere Kinder. Sie versuchen, den Ball

- zehnmal hochzuwerfen und wieder zu fangen.
- Neunmal – fangen und dazwischen jeweils einmal klatschen
- Achtmal – fangen und dazwischen jeweils zweimal klatschen
- Siebenmal – fangen und sich dazwischen selbst umarmen
- Sechsmal – fangen und dazwischen die Arme auseinander strecken
- Fünfmal – fangen und dazwischen mit dem linken Fuß auf den Boden tippen
- Viermal – fangen und dazwischen mit dem rechten Fuß auf den Boden tippen
- Dreimal – fangen und dazwischen in die Hocke gehen
- Zweimal – fangen und dazwischen mit den Händen den Boden berühren
- Einmal – und zum Fangen nach oben springen

Kleiner Weichball (Softball)

Ziele
- ➡ Feinmotorik (Finger- und Fußmuskulatur)
- ➡ Koordinationsfähigkeit (Gleichgewicht, Reaktion)
- ➡ Geschicklichkeit
- ➡ Kreativität
- ➡ Gruppenspiele

Material: Weichbälle aus Schaumstoff, Plastik, Weichgummi mit rauer oder glatter Oberfläche

Begrüßung

Die Kinder sitzen mit einem Weichball im Kreis und geben zum Spruch
Nimm den Ball – den weichen Ball,
hab acht, wie man das macht
und gib ihn weiter
den Weichball in der Runde weiter. Nach der ersten Runde gibt die Spielleitung verschiedene Übungen vor:

- Ball kräftig zusammendrücken und wieder lösen (Faustschluss)
- Ball mit den Daumen und mit jeden einzelnen Finger drücken (Spitzgriff)
- Mit den Daumen und allen Fingern gleichzeitig drücken (Hakengriff)
- Den Ball zwischen Fingern und Handballen zusammendrücken

Tipp: Bei den Übungen einmal die Handfläche nach oben, einmal nach unten drehen, dadurch führen unterschiedliche Muskelgruppen die Bewegung aus.

Varianten
Weichbälle auf andere Arten zusammendrücken: zwischen den Handflächen (vor der Brust, über Kopf, hinter dem Rücken), Handrücken und Handfläche, zwischen Oberarm und Unterarm (Ellenbogenbeuge), zwischen Kinn und Brust. Übungen zu zweit mit einem Ball ausprobieren.

Kennenlernspiel zur Orientierung

💿 **Nr. 4**

Die Weichbälle liegen frei auf dem Boden. Die Kinder gehen zur Musik im Raum umher, ohne einen Ball zu berühren. Bei Musikstopp nimmt jedes Kind einen Weichball, ruft den Namen eines anderen und rollt ihm den Ball zu. Der Ball wird bei Musikbeginn wieder weggeworfen, die Kinder gehen weiter zur Musik, bis zum nächsten Musikstopp.

Variante mit verschiedenfarbigen Bällen: Gelbe Bälle werden geworfen, andersfarbige zum Kind gerollt.

Stärkung der Fußmuskulatur

Nr. 8 oder 12

Die Weichbälle liegen im Bewegungsraum verteilt auf dem Boden. Die Kinder laufen zur Musik frei im Raum, ohne die Bälle zu berühren. Bei Musikstopp läuft jedes Kind zu einem Weichball und stellt abwechselnd einen Fuß darauf; der Fuß macht die folgenden Bewegungen mit dem Ball:

- Kreisförmig rollen
- Von der Zehe bis zur Ferse rollen
- Mit den Fußballen drücken
- Mit der Ferse drücken
- Mit dem rechten und linken Fuß abwechselnd auf den Ball tippen

Kugelbahn

Die Kinder sitzen mit angewinkelten Beinen im Raum verteilt. Der Weichball liegt zwischen den Schienbeinen auf Höhe des Sprunggelenkes. In dieser Position legen sich die Kinder auf den Rücken und lassen den Ball Richtung Knie und wieder zurück rollen.

Variante: Zwei Kinder sitzen sich gegenüber und rollen sich den Weichball über die „Schienbeinrutsche“ zu.

Schleuderball

Ziele

- ➡ Koordinationsfähigkeit (Reaktion, Orientierung)
- ➡ Geschicklichkeit
- ➡ Loslassen können
- ➡ Einzel- und Gruppenspiele

Wir basteln einen Schleuderball

Material: Im Sporthandel kaufen oder: 1 bunter Nylonstrumpf, 1 kleiner Weichball (Soft-Tennisball)

So geht's: Weichball in einen Strumpf stecken und verknoten.

Zum Kennenlernen

Nr. 4

Die Kinder dürfen sich zur beschwingten Musik frei bewegen. Auf Vorschlag der Spielleitung werden folgende Übungen ausprobiert:

- *Schleuderball schwingen und loslassen (jedes Kind für sich, zu zweit oder in der Gruppe)*
- *Schleuderball in die Hände legen und über Kopf werfen*
- *Schleuderball in den Händen halten und zwischen den gegrätschten Beinen nach hinten durchwerfen*
- *Schleuderball mit beiden Händen hochwerfen (wer kann ihn fangen?)*
- *In jeder Hand einen Schleuderball halten, sich im Kreis drehen und auf Impuls loslassen*
- *Schleuderball in ein vorgegebenes Ziel schwingen oder werfen*

Tipp für Vorschulkinder: Schleuderball mit unterschiedlichen Bällen (Tennisball, Hartgummiball, ...) herstellen und die Übungen ausprobieren. Achtung: Von einem Schleuderball getroffen zu werden, tut weh! Deshalb: Immer von einer Raumseite zur anderen (leeren) schleudern lassen!

Im richtigen Rhythmus – Schlegel, Klangholz und Schellenband

Klanghölzer

Ziele

- ➡ Koordinationsfähigleit (Rhythmusfähigkeit)
- ➡ Konzentrationsfähigkeit
- ➡ Fantasie und Kreativität
- ➡ Geschicklichkeit
- ➡ Spiel allein, zu zweit und in der Gruppe
- ➡ Gehörsinn schulen
- ➡ Vertrauen lernen
- ➡ Einhalten kleiner Regeln

Material: 2 Klanghölzer für jedes Kind, bei Partnerspielen 1 Klangholz; statt Klanghölzern funktionieren auch Vorhangstangen aus Holz oder alte Besenstiele, wenn sie auf eine Länge von 18 cm abgesägt werden

Kennenlernen des Materials

Die Kinder sitzen im Kreis, und die Spielleitung führt zu Musik verschiedene „Klopfvarianten“ mit den Klanghölzern vor. Die Kinder machen die Bewegungen mit den eigenen Klanghölzern nach.
Klopfvarianten:

- Mit zwei Klanghölzern über Kreuz klopfen
- Klanghölzer nebeneinander aufgestellt halten
- Mit den Enden der Klanghölzer aufeinander klopfen
- Ein Klangholz senkrecht auf den Boden stellen und mit dem zweiten draufklopfen („Hammer & Nagel“)
- Klanghölzer über den Kopf halten und zusammenklopfen
- Klanghölzer hinter dem Rücken halten und zusammenklopfen

Wir fragen uns: Wie lässt sich das Klangholz rollen (anfangs nur 1 Klangholz nehmen!)?

- Zwischen den Händen (senkrecht, waagrecht halten)
- Auf dem Handrücken (Seitenwechsel!)
- Auf dem Oberschenkel, Bauch, der Stirn u.a.

Tipp: Probieren Sie diese Spiele zu zweit mit je einem Klangholz aus. Rücksichtnahme und Vertrauen werden gefördert.

Musikanten gehen durchs Land

Nr. 9

Die Kinder gehen in Kreisrichtung im Raum; nach jedem Musikabschnitt werden die verschiedenen Klopfvarianten (s. vorherige Spielanregung) vorgegeben.

Tipp: Dieses Spiel ermöglicht auch das Herausarbeiten von laut – leise, d.h., je nach Haltung der Klanghölzer wird das Geräusch verändert.

Variante mit der Triangel: Gleiches Spiel aber verschiedenen Gangarten verwenden – Seitschritte rechts bzw. links, rückwärts; Kniehebelgang (= Knie beim Gehen zur Brust hochziehen); Tempo variieren (Gehen bis langsames Laufen).

Mein Bauch hat Muskeln

Nr. 8 oder 9

Material: Mehrere Matten und 1 Klangholz je Kind

Im Bewegungsraum liegen mehrere Matten in Kreisform verteilt. Die Kinder gehen mit einem Klangholz zur Musik in Schlangenlinien um die Matten. Bei Musikstopp wird das Klangholz auf den Boden vor die Matte gestellt, die Kinder setzen sich dahinter auf die Matte und führen verschiedene Übungen zur Stärkung der Bauchmuskulatur aus:

- Beine in Scherenbewegungen über dem Klangholz kreuzen
- Klangholz mit den Füßen hochheben und halten
- Klangholz bei geschlossenen Beinen auf den Vorderfuß legen, die Beine hochheben und das Klangholz Richtung Bauch rollen (Hilfestellung der Erwachsenen!)
- Über dem Klangholz mit den Beinen Rad fahren

Der Wald

Nr. 12

Jedes Kind stellt sein Klangholz auf. Zur langsamen Musik durch den „Wald“ gehen. Bei Musikstopp gibt die Spielleitung verschiedene Bewegungsaufgaben vor:

- Baum (Klangholz) vorsichtig berühren (z. B. mit der Hand, dem Finger, dem Fuß)
- Über den kleinen „Baum“ steigen, hüpfen, ...
- Zum Abschluss werden alle Bäume umgesägt – es ist Weihnachtszeit

Domino

Nr. 8

Material: 2 Klanghölzer pro Kind

Die Kinder gehen im Raum umher und schwingen dabei ihre zwei Klanghölzer. Bei Musikstopp ruft die Spielleitung „Domino“, und die Kinder halten ihre Klanghölzer gleich zusammen (z. B. Seite zu Seite, Ende zu Ende).

Kegeln

Material: 2 Langbänke oder ein Langtau, 3 Gymnastikbälle, 9 Klanghölzer

Die umgedrehten Langbänke werden parallel im Abstand von zwei Gymnastikbällen aufgestellt. Als Alternative lässt sich ein Langtau in diese Form legen. An jedem Bankende befindet sich ein Kind. Die Aufgabe des einen ist es, die Klanghölzer aufzustellen, das andere hat drei Bälle zur Verfügung, um die Klanghölzer von seinem Standpunkt am einen Ende der Bank umzukegeln.

Variante: In Eltern-Kinder-Gruppen unterstützen die Eltern das Kind bei der Aufgabenstellung.

Spiel zur Entspannung

Nr. 17

Material: gerade Zahl an Kindern, 1 Klangholz und 1 Matte pro Kinderpaar

Die Kinder gehen paarweise und halten dabei gemeinsam ein Klangholz. Auf ein Zeichen der Spielleitung wählt jedes Paar eine Matte, Entspannungsmusik setzt ein, und ein Kind massiert den Partner, der auf dem Bauch bzw. Rücken liegt. Partnerwechsel.

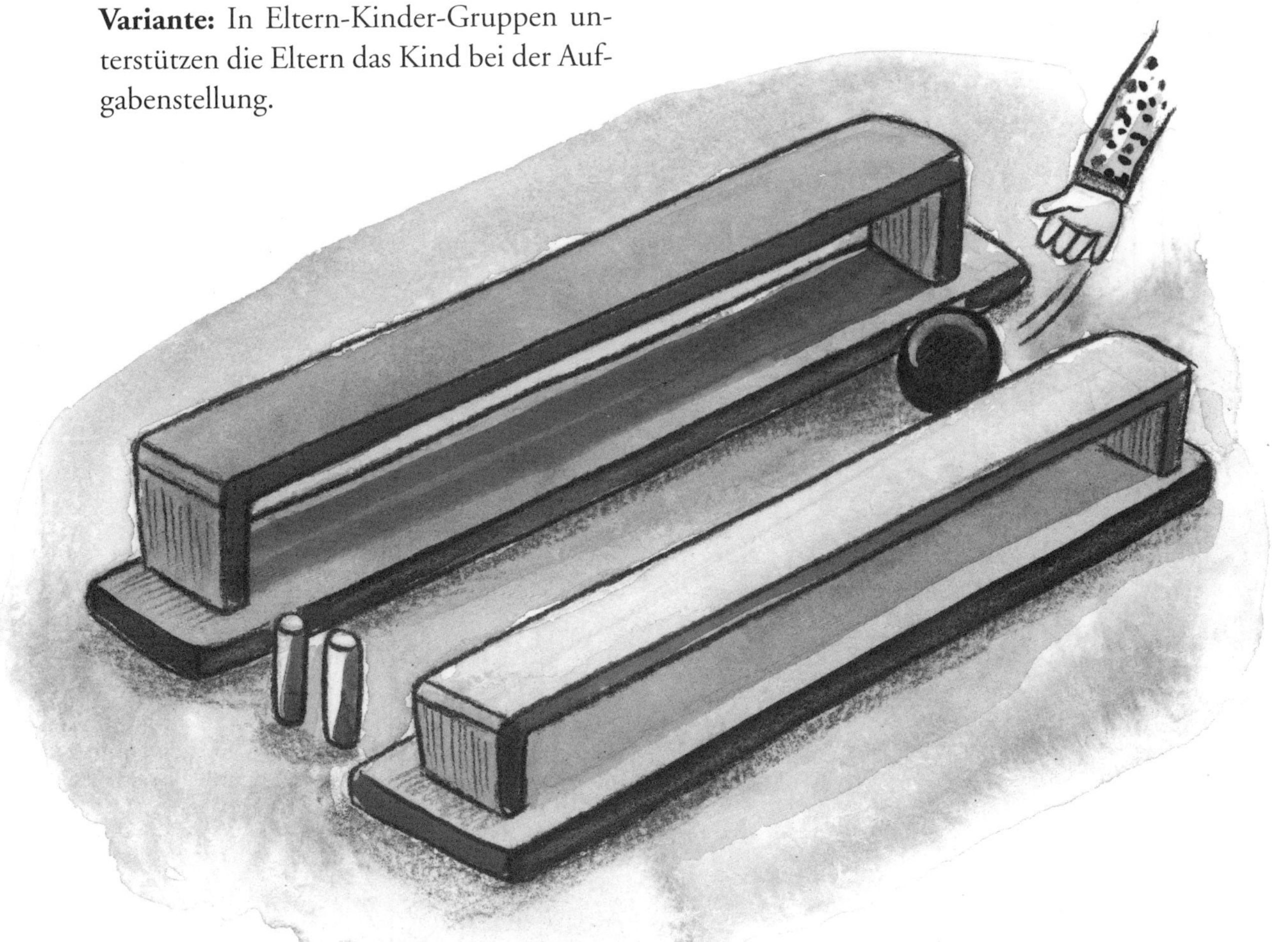

Der Schlegel

Ziele

- ➡ Koordinationsfähigkeit (Rhythmusfähigkeit, Orientierungsfähigkeit)
- ➡ Körperwahrnehmung
- ➡ Feinmotorik
- ➡ Sinnesschulung
- ➡ Spiel allein und in der Gruppe

Material: 1 oder 2 Schlegel, Schraubverschlussdeckel, Holzscheibe, Wurfscheibe, Ball, Trommel, Gegenstände aus dem Bewegungsraum wie z. B. Matten, Reckstange, Langbank

Wir basteln einen Schlegel

Material: Ast (ca. 18 cm) ohne Gabelung, Baumschere, Becher mit Kleister, Schere, 1 leeres Glas, 1 Bogen Seidenpapier bzw. Seidenpapierreste in entsprechender Menge, Stoffreste (15 x 15 cm), Unterlage, Garn zum Abbinden des Schlegels

So geht's: Das Seidenpapier mit Kleister bestreichen und um das Ende des Stabes wickeln. Die Stoffreste über das Seidenpapier legen und fest zusammenbinden. Eine Woche aufgestellt im Glas trocknen lassen.

Kennenlernen des Schlegels

Die Kinder sitzen im Kreis und berühren mit dem Schlegel verschiedene vorgegebene Körperteile (z. B. Handfläche, Handrücken, Schulter, Oberschenkel, Fußsohle)

Variante: Im Sitzen mit dem Schlegel trommeln zu dem Spruch: *Komm trommle, komm trommle, komm trommle schon ...*

- *Auf den Po, das geht so.*
- *Auf die Hand , das geht so.*
- *Auf die Zehen, das geht so.*

Rap

Nr. 15

Material: Schlegel, verschiedene Geräuschobjekte (Bank, Heizkörper, Töpfe, Sprossenwand, Sandsäcke, Wurfscheiben ...)

Zur Musik mit den Schlegeln im Rhythmus gehen und auf alle „Klangobjekte" klopfen.

Indianer trommeln

Material: Schraubverschlussdeckel und Holzscheiben für jedes Kind

Ein Kind ist Medizinmann. Es hat verschiedene Gegenstände zum Trommeln; diese werden abwechselnd verwendet. Die restlichen Kinder (die Indianer) haben die gleichen Materialien zum Trommeln. Sie klopfen gemeinsam immer auf demselben Gegenstand wie der Medizinmann:

- Medizinmann klopft auf Schraubverschlussdeckel – Indianer tun es ihm nach
- Medizinmann klopft auf eine Holzscheibe – die Indianer ebenfalls

Laufspiel zur Orientierung

Nr. 8

Material: Übungsraum mit mehreren Matten, Langbänken, Sprossenwand etc; Schlegel für alle Kinder

Im Raum liegen die Schlegel verteilt. Zur Laufmusik bewegen sich die Kinder frei im Raum (kein Schlegel darf berührt werden). Bei Musikstopp ruft die Spielleitung „Matte“, und alle Kinder laufen schnell zu den Schlegeln, suchen sich eine Matte und klopfen darauf. Die Schlegel bleiben auf den Matten liegen, und die Kinder laufen wieder zur Musik. Beim nächsten Musikstopp ruft die Spielleitung „Holz“, und die Kinder holen sich die Schlegel von der Matte und suchen sich einen Holzgegenstand aus dem Bewegungsraum (z. B. Bank, Sprossenwand) und klopfen darauf.

Regentropfen

Die Spielleitung sagt den Reim
Regentropfen, Regentropfen,
wie sie an mein Fenster klopfen –
Die Kinder klopfen sich mit den Schlegeln abwechselnd auf die angewinkelten Oberschenkel.
Machen alles pitschenass –
Mit den Schlegeln auf den Boden klopfen
Häuser, Bäume und das Gras.
Bei „Häuser" mit den Schlegeln über dem Kopf ein Dach bilden; bei „Bäume" die Schlegel parallel hochhalten; bei „Gras" mit den Schlegeln abwechselnd leicht auf den Boden tippen.

Ich habe gute Ohren

Material: 1 Schlegel, 1 Trommel,
je 1 Schal/Tuch pro Kind

„Horch! Es ist der Schlegel – wo hörst du ihn?" Ein Kind bewegt sich mit dem Schlegel und einer Trommel im Raum und trommelt. Die anderen sitzen mit geschlossenen Augen im Kreis (Hände vor die Augen halten oder Augen mit Schal verbinden) und lauschen, wo sich der Trommler befindet. Sie zeigen mit der Hand in seine Richtung. Spielerwechsel!

Der fliegende Luftballon

Nr. 4

Material: 1 Luftballon, 2 Schlegel pro Kind

Zur beschwingten Musik spielen die Kinder frei mit den (durch die Schlegel) verlängerten Händen und den Luftballons, werfen sie in die Luft, versuchen, sie oben zu halten, treiben sie sich gegenseitig zu, halten ihren Luftballon mit den Schlegeln fest ...

Varianten
Jüngere können mitmachen, wenn die Luftballons auf dem Boden geschubst werden.
Für Ältere: Paare spielen sich einen Luftballon zu – welche zwei Kinder halten den Luftballon am längsten in der Luft?

Abschlussspiel

Material: 1 Luftballon und 2 Schlegel pro Kind, 2 Säcke

Den Luftballon mit zwei Schlegeln halten, zur Spielleitung gehen und den Luftballon in den Sack geben. Für das Wegräumen der Schlegeln ist ein zweiter Erwachsener oder ein älteres Kind vorgesehen, das auch einen „Ordnungssack" in der Hand hält. Das Sortieren ist für die Kleinen nicht so einfach!

Rasseln

Ziele

- ➡ Feinmotorik
- ➡ Sinnesschulung
- ➡ Orientierungsfähigkeit
- ➡ Einzel- und Gruppenspiele

Wir basteln eine Rassel

Material: 1 leere durchsichtige Filmdose pro Kind, unterschiedliche Füllmaterialien (rote Linsen, Mais, Sonnenblumenkerne, kleine Knöpfe etc.), Klebepistole zum Verschweißen der Filmdose, Trichter und Messbecher zum Einfüllen der Materialien

So geht's: Die leeren Döschen werden mithilfe des Trichters mit verschiedenen Materialien gefüllt und anschließend verschweißt. Anregend ist es, immer nur ein Material – eventuell auch in unterschiedlicher Menge – einzufüllen; damit lassen sich dann ebenfalls Spiele gestalten (z. B. das „Abschlussspiel" auf S. 30).

Ich kann was

Die Kinder sitzen im Kreis und probieren nacheinander verschiedene Bewegungsarten mit der Rassel:

- In verschiedenen Höhen (Brusthöhe, über den Kopf, hinten am Rücken u.a.) abwechselnd mit jeder Hand
- Drehen, erst mit der einen, dann mit der anderen Hand
- Von einer Hand in die andere rhythmisch hin- und hergeben
- Mit der Rassel auf den Boden klopfen, seitlich an den Körper klopfen ...

Die Massage

Zu Musik mit der Rassel im Raum laufen. Bei Musikstopp verschiedene Übungen durchführen:

- Auf einer Handoberfläche rollen – Handwechsel
- Auf der Stirn rollen
- Auf je einen Oberschenkel rollen
- Mit beiden Handflächen die Rassel rollen

Schau dich nicht um ...

Material: Matten, 1 Rassel

Die Matten werden im Kreis gelegt. Alle Kinder außer einem sitzen darauf. Ein ausgewähltes Kind (in Eltern-Kind-Gruppen ein Erwachsener mit dem Kind) geht mit einer Rassel zum Spruch (s. Text) rasselnd hinter den sitzenden Kindern herum. Ist der Spruch zu Ende, wird die Rassel hinter ein Kind gelegt. Dieses soll die Rassel finden und führt das Spiel dann weiter.

„Schau dich nicht um, schau dich nicht um,
es geht die Rassel herum.
Sie rasselt laut, sie rasselt leise – mit mir geht sie im Kreise.
Nun ist's genug! Versteckt wird sie – wer findet sie?"

Variante: Die Spielleitung gibt nacheinander verschiedene andere Klanginstrumente aus (z. B. Klanghölzer, Trommel, Triangel).

Abschluss: Such die Rassel

Die Kinder sitzen im Kreis. Alle Rasseln sind in der Kreismitte aufgestellt. Die Spielleitung stellt den Kindern unterschiedliche Aufgaben:

- Wer findet die Rassel mit ganz wenig Körnern?
- Wer findet so eine gelbe, wie ich sie halte?
- Welche Rassel ist fast voll?
- Wie rasselt eine volle, wie klingt eine Rassel mit wenig Körnern?

Die richtig gefundenen Rasseln werden von der Spielleitung eingesammelt und im „Rasselsack" verstaut.

Schellenkranz

Ziele

- ➡ Koordinationsfähigkeit (Orientierung, Reaktion, Rhythmus)
- ➡ Einzel- und Gruppenspiele
- ➡ Fußgymnastik

Wir basteln einen Schellenkranz

Material: 1 Häkelnadel ab Nr. 2, Köperband (1 m lang, 1 cm breit), 5 Schellen (aus dem Musikgeschäft – der Klang ist besser) oder von einem Osterlamm/Osterhasen (Bäcker); pro Kind jeweils die doppelte Menge

So geht's: Das Kind fädelt fünf Schellen auf ein Band, und der Erwachsene häkelt die Schellen mit Luftmaschen ein. Am Anfang und am Ende des Bandes ca. 10 cm für die Masche zum Festbinden freilassen! Jedes Kind braucht zwei Schellenbänder.

Spiel zur Materialerfahrung

Die Schellen werden jeweils um das Handgelenk gebunden und zu Musik rhythmische Bewegungen im Sitzkreis durchgeführt. Anschließend die Schellen um das Fußgelenk binden. Zur zweiten Strophe die Bewegungen mit den Füßen ausführen.

Mein Pferdchen kann schon ...

Alle sitzen im Stuhlkreis. Die Spielleitung spricht rhythmisch vor„Mein Pferd-chen kann schon" und klatscht dazu in die Hände. Die Kinder machen die Bewegungen mit den Füßen:

- **tip**peln
- **stram**peln
- **stam**pfen
- **grät**schen **und**
- die **Bei**ne **wie**der **schlie**ßen."

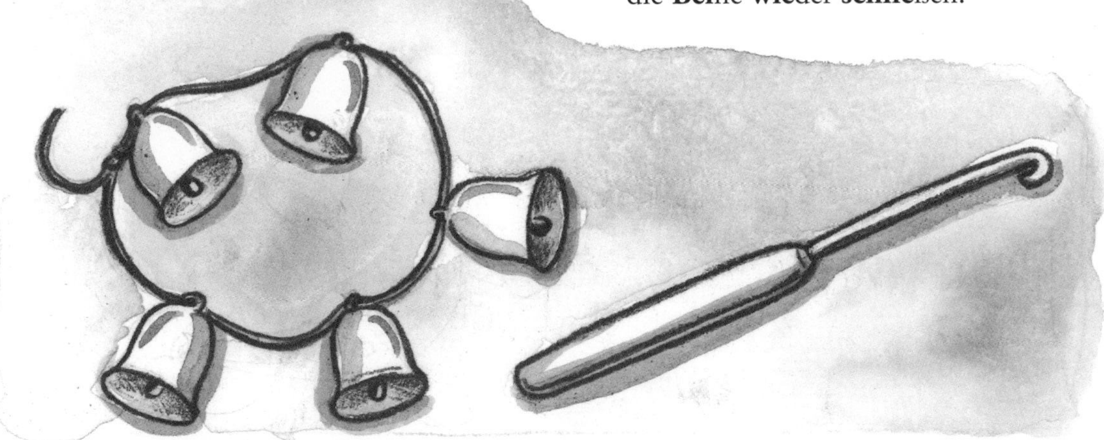

Alle meine Pferdchen

Die Kinder befestigen ihre Rasseln an Hand- und/oder Fußgelenk und bewegen sich zu folgendem Text frei im Raum. Vielleicht kennen sie schon das Lied „Alle meine Entchen“ und können mithilfe der Erwachsenen singen:

- Alle meine Pferdchen stehen jetzt im Stall, stehen jetzt im Stall ...
- Alle meine Pferdchen gehen jetzt im Schritt, gehen jetzt im Schritt ...
- Alle meine Pferdchen laufen auf der Weide ...
- Alle meine Pferdchen traben auf der Bahn ...
- Alle meine Pferdchen galoppieren übers Feld ...
- Alle meine Pferdchen springen übern Zaun ...
- Alle meine Pferdchen schauen links und recht s...
- Alle meine Pferdchen wälzen sich im Gras ...
- Alle meine Pferdchen wackeln mit den Schwänzchen...
- Alle meine Pferdchen schlagen ganz fest aus ... (Beine ausschütteln und wegstoßen)
- Alle meine Pferdchen zeigen ihren Huf ...
- Alle meine Pferdchen betteln um ein Brot ...
- Alle meine Pferdchen legen sich ins Heu ...

Wie können Pferde gehen?

Die Kinder nutzen den gesamten Raum von einer Seite zur anderen und bewegen sich nach Vorgabe der Spielleitung:

- Auf den Zehenspitzen
- Auf den Fersen
- Die ganze Fußsohle fest auf den Boden drücken
- Wippend
- Schaukelnd (mit der Ferse das Abrollen beginnen)
- Zum Abschluss legt sich das Fohlen ganz nah zu „seinem“ Erwachsenen.

Variante: Die Pferdchen werden mithilfe eines Zügels (Band oder Seil) von den Erwachsenen geführt.

Wilde Tiere

Nr. 16

Material: ausreichend viele Matten zum Liegen für alle Kinder, Schellensack

Im Bewegungsraum werden „Schlafplätze“ ausgelegt, z. B. mit Matten. Zur Laufmusik bewegen sich die Kinder in einer vorgegebenen Tierart frei im Raum, z. B. als Kängurus, als Pferde, als Vögel. Die letzte Tierart sollen Schäfchen sein.
Bei Musikstopp gehen „alle Kängurus“ auf den Schlafplatz. Zum Abschluss erzählt die Spielleitung, dass alle Schäfchen von der Weide in den Stall kommen, dort werden ihnen die Schellen zum Schlafen abgenommen und in das vorbereitete Säckchen gegeben.

Jonglieren und Balancieren – Chiffontuch, Bambusstab, Luftballons

Bambusstab und Luftballon

➡ Ziele

- ➡ Feinmotorik
- ➡ Koordinationsfähigkeit (Reaktion, Gleichgewicht, Orientierung)
- ➡ Geschicklichkeit
- ➡ Akzeptieren des anderen
- ➡ Einzel- und Gruppenspiele

Material: 1 Bambusstab pro Person (Länge 1 m, Durchmesser ca. 1 cm), farbige Isolierbänder, je 1 aufgeblasener Luftballon für 2 Kinder, Schere
Die Enden des Bambusstabes werden jeweils mit einem farbigen Isolierband umwickelt, damit sich die Kinder beim Spielen nicht verletzen.

Kennenlernen des Bambusstabes Nr. 4

Die Stäbe liegen verteilt auf dem Boden. Kinder (und Eltern) laufen zur beschwingten Musik im Raum. Bei Musikstopp werden verschiedene Übungen angesagt:

- Stab in der Mitte halten (waagrecht, über Kopf, etc.)
- Stab an beiden Enden halten (waagrecht, über Kopf, etc.)
- Stab mit je zwei Fingern halten
- Stab zwischen zwei Fingern halten
- Stab mit offenen Händen transportieren (Handrücken, Handfläche)

Bambusstab und Luftballon Nr. 3

Material: 2 Bambusstäbe pro Kind, 1 Luftballon pro Paar

Jeweils zwei Kinder stehen mit Blickrichtung zueinander und halten in jeder Hand einen Bambusstab. Zu zweit werden mit einem Luftballon verschiedene Übungen ausprobiert:

- Zwischen den Stäben einklemmen und fallen lassen
- Mit den Stäben, „wie mit einer Zange“, vom Boden aufheben
- Mit den Stäben einklemmen und im Raum umhergehen
- Auf die Stäbe legen und von einer Seite zur anderen rollen
- Mit den Stäben in die Höhe werfen und wieder auffangen

Varianten für Vier- bis Zehnjährige

- Stäbe in verschiedenen Höhen halten, z. B. über Kopf
- Spiel zu viert; je zwei Kinder werfen sich einen Luftballon mithilfe der Stäbe zu (im Sitzen, Stehen, Gehen)
- Spiel in der Gruppe; Impuls – „Alle Luftballons fliegen“ (berührt z. B. der Luftballon den Boden, müssen die zwei Kinder ausscheiden)
- Stäbe liegen verteilt im Raum; freies Laufen und bei Impuls (z. B. rot, blau,

...) die Stäbe dieser Farbe mit einem Körperteil berühren (Zehenspitze, Finger, etc.)

Staffelspiele

Material: 2 Stäbe, 1 Luftballon pro Gruppe (gerade Zahl von Kindern)

Zwei Gruppen werden durch Auszählen gebildet. Je ein Kind klemmt den Luftballon zwischen zwei Stäben ein und geht mit „Riesenschritten" bis zu einer Markierung, dreht um und bringt den Luftballon zurück zur Gruppe; auch die Stäbe werden dem nächsten Kind übergeben. Es darf jetzt starten. Welche Gruppe ist zuerst fertig?

Variante: Wieder werden zwei Gruppen gebildet. Zwei Kinder einer Gruppe klemmen einen Luftballon zwischen zwei Stäben ein und laufen bis zu einer Markierung, drehen um und bringen den Luftballon zurück. Die nächsten zwei Kinder dürfen starten. Welche Gruppe ist zuerst fertig?

Drache und Luftballon

Ziele

- ➡ Feinmotorik
- ➡ Koordinationsfähigkeit (alle 5 Bereiche)
- ➡ Geschicklichkeit
- ➡ Einzel- und Gruppenspiele

Wir basteln einen Drachen

Material: 1 Strumpfhose, 1 Kleiderbügel aus Draht, ca. 15 cm Isolierband, Schere, Flachzange, evtl. Wasserfarben

So geht's: Den Kleiderbügel zu einer Drachenform biegen; den Kleiderbügelhaken mit einer Flachzange zusammenbiegen und das Ende mit dem Isolierbad umwickeln, damit sich die Kinder nicht verletzen können. Die Strumpfhose über den Drachen ziehen und verknoten.

Kennenlernen des Materials

Nr. 4

Zu beschwingter Musik im Hintergrund lernen die Kinder das Material kennen, indem sie mit Drachen und Luftballon spielen. Schon Dreijährige können:

- Mit Wischbewegungen den Luftballon im Raum fortbewegen oder zu einem Partner spielen
- Den Drachen waagrecht halten und den Luftballon balancieren, von Zeit zu Zeit fallen lassen
- In derselben Schlägerhaltung mit dem Drachen den Luftballon in die Höhe schubsen
- Das Spiel zu zweit oder in der Kleingruppe weiterführen.

Lassen Sie die Kinder eigene Übungen ausprobieren.

Varianten für Vier- bis Zehnjährige

Je zwei Kinder spielen als Partner mit zwei Drachen und Luftballons (die den Boden nicht berühren sollen).

Die Kinder üben Vor- und Rückhand (wie beim Tennis). Gewechselt wird nach Vorgabe der Spielleitung.

Beim Partnerspiel balanciert jedes Kind einen Luftballon waagerecht auf dem Drachen und geht im Raum herum. Wenn sich zwei Kinder begegnen, werden die Luftballons leicht in die Höhe geschubst und ausgetauscht.

Staffelspiele für ein und zwei Drachen

Auch mit Drachen und Luftballons lassen sich spannende Staffelspiele austragen. Zunächst balanciert ein Kind mit einem Drachen den Luftballon um eine Markierung herum und bringt ihn zurück zur Gruppe. Das nächste Kind darf starten ... Nach einem Durchlauf nimmt das Starterkind zwei Drachen, klemmt den Luftballon zwischen ihnen ein, läuft um die Markierung und bringt den Luftballon zurück. Welche Gruppe ist zuerst fertig?

Varianten

Zwei Kinder spielen sich mit je einem Drachen einen Luftballon zu und laufen dabei bis zu einer Markierung. Sie bringen den Luftballon auf dieselbe Art zurück zur Gruppe. Die nächsten beiden Kinder dürfen starten. Welche Gruppe ist zuerst fertig?
Ein Kind balanciert mit dem Drachen den Luftballon bis zu einem Reifen und legt den Luftballon dort hinein. Es läuft zur Gruppe zurück. Das nächste Kind läuft mit seinem Drachen zum Reifen, nimmt den Luftballon und balanciert ihn auf dem Drachen zurück zur Gruppe. Welche Gruppe ist zuerst fertig?

Geschickte Hände

Material: 2 Federballschläger (oder Drachen) und 1 Luftballon pro Kind, 1 Leintuch, Stuhl oder andere Markierung

Von einer Ausgangslinie (Stuhl) zu einem von zwei Erwachsenen gespannt, gehaltenen Leintuch gehen. Der Luftballon wird mit den Federballschlägern gehalten, zum Tuch getragen und hineingeworfen.

Kommunikationsspiel

Nr. 4

Die Kinder bewegen sich zur Musik mit den Schlägern (oder Drachen) spielend im Raum. Bei Musikstopp stehen alle Kinder mit ihren Luftballons im Kreis, Die Spielleitung steht in der Mitte, geht von einem zum anderen, begrüßt jedes Kind und tauscht dabei mit ihm die Luftballons aus. Ist die Gruppe sehr groß, so werden weitere Unterstützer der Spielleitung für die Mitte ausgewählt.
Kennen die Kinder das Spiel bereits, so kann die Begrüßung irgendwo im Raum ohne Kreis erfolgen.

Luftballontanz **Nr .17**

Zum Musikabschnitt Richtung Kreismitte und wieder zurück zum großen Kreis gehen. Anschließend im großen Kreis Seitstellschritte nach rechts und links machen. Zum Abschluss verbeugen sich alle Tänzer mit Schläger und Luftballon in der Hand.

Chiffontücher und Vorübungen zum Jonglieren

Ziele

- ➡ Koordinationsfähigkeit (Reaktion, Orientierung)
- ➡ Geschicklichkeit
- ➡ Konzentration
- ➡ Feinmotorik
- ➡ Wahrnehmung
- ➡ Vertrauen
- ➡ Erlernen von Geschicklichkeitsübungen mit Kleingeräten die später ins Jonglieren übergehen

Material: Chiffontücher in bunten Farben; Weichbälle, Jonglierbälle; weiche Wurfscheiben aus Gummi, Ringe

Aufwärmspiel

Nr. 2

Jedes Kind bewegt sich zur Musik mit je einem Tuch in jeder Hand im Raum herum; die Erwachsenen haben ein Tuch das von einer Hand in die andere geworfen wird (wie fliegende Schmetterlinge).

Laufspiele mit dem Chiffontuch

Nr. 1

Zunächst laufen die Kinder zur Musik und winken mit ihrem Tuch. Im nächsten Durchgang wechseln sie das Tuch von der rechten in die linke Hand, erst langsam, dann schneller. Weitere Möglichkeiten:

- Das Tuch über den Vorderarm legen und in dieser Position schnell gehen oder laufen
- Mit dem Tuch über dem Kopf (wie ein Geist) laufen
- Das Tuch auf den Bauch legen und so schnell laufen, dass es nicht herunterfällt, sondern an den Körper gepresst bleibt

Geschicklichkeitsspiele zu zweit

Da ein Chiffontuch nicht so schnell fliegt bzw. fällt, gelingen einige Geschicklichkeitsübungen eher, manche auch bei Jüngeren.

- Zwei Kinder stehen sich gegenüber und probieren aus, wie sie am besten das Tuch zum anderen werfen
- Das Tuch wird einmal verknotet
- Zur linken oder rechten Körperseite des Gegenübers werfen
- In verschiedenen Höhen zuwerfen
- Zwei Tücher gleichzeitig zum anderen werfen und fangen
- Ein Tuch zuwerfen, das fangende Kind soll in der Zwischenzeit schnell einen seiner Körperteile berühren (Handfläche, Mund, Haare, Knie, Zehe)

Geschicklichkeitsübungen mit zwei Tüchern

Material: 2 Tücher pro Kind, je 1 Kasten oder 1 Bank pro Paar (Variante)

Zunächst beginnen die Kinder mit einer Beobachtung: Beide Tücher werden zur selben Zeit fallen gelassen, wir schauen beim Runterflattern zu. Dann schwingen die Kinder ihre beiden Tücher gleichzeitig nach oben und nach unten. Wenn die Spielleitung die Bewegungen vorgibt mit einem langgezogenen: „Jetzt hooooch – und dann wieder ruuunter", ergibt sich allmählich eine harmonische Wellenbewegung der Körper mit den Tüchern. Abschließend werden die zwei Tücher gleichzeitig hochgeworfen und wieder gefangen.

Varianten

Ein Tuch mit einer Hand über dem Kopf schwingen, fallen lassen und mit der anderen Hand fangen. Danach Seiten wechseln. Die Übung mit zwei Tüchern ausprobieren.

Ein Spiel zu zweit, für das (neben den beiden Tüchern) ein Kasten oder eine Bank gebraucht wird: Ein Kind klettert mit den Tüchern hoch und lässt sie von oben fallen. Das zweite fängt sie auf, bevor sie den Boden wieder berühren. Jüngere Kinder versuchen es mit einem Tuch.

Jongliervorübungen für Sechs- bis Zehnjährige mit Chiffontüchern und Bällen

Material: 2 Chiffontücher, später 3; 1 Weich- bzw. Jonglierball pro Kind, später 2 und 3

Jonglieren mit Chiffontüchern
Handflächen zeigen nach unten; die Bewegung erfolgt wie beim „Winken". Anfänger üben mit zwei Tüchern: eines hochwerfen, am höchsten Punkt zweites werfen, erstes wieder fangen, zweites wieder fangen.
Übung mit drei Tüchern:
Kaskade (= 1 werfen, 2 werfen, 1 fangen, 3 werfen, 2 fangen, 3 fangen)
fortlaufend mit 3 Tüchern jonglieren (jeweils eines in der Luft, 2 in den Händen)

Jonglieren mit Bällen
Zwei Kinder (A, B) stehen sich gegenüber, und jedes hat einen Weich- bzw. Jonglierball in der rechten Hand:
Zuerst beginnt A, den Ball B in die linke Hand zu werfen. B fängt den Ball und wirft den Ball aus seiner rechten Hand zu A. Beide Kinder geben den Ball aus der linken in ihre rechte Hand und beginnen das Zuwerfen von Neuem.
Sie werfen sich die Bälle so lange zu, bis ein gleichmäßiger Rhythmus entsteht.

Tipps
- Immer zuerst mit einem Gegenstand beginnen (von einer Hand in die andere werfen)
- Im nächsten Schritt zwei Gegenstände (kreuzen sich in der Luft)
- drei Gegenstände in der Hand, immer einen werfen
- zwei Gegenstände werfen, dann drei
- Fortlaufendes Jonglieren

Varianten
Auf ein vorher vereinbartes Zeichen (z. B. „Hopp!") zuwerfen.
Zur Steigerung einen dritten Ball dazunehmen und zwischen den Partnern „kreisen" lassen.
Kaskade mit Weich- oder Jonglierbällen (zunächst mit zwei Bällen beginnen und den dritten Ball später dazunehmen) = 1 werfen, 2 werfen, 1 fangen, 3 werfen, 2 fangen, 3 fangen ...

Tipps fürs Dreier-Jonglieren
- immer mit zwei Gegenständen in der besseren Hand beginnen;
- eher hoch und möglichst gleichmäßig werfen;
- aus dem Handgelenk werfen (Hände ungefähr in Hüfthöhe) und die Arme nicht zu stark auf und ab bewegen.

Diese Spiele lassen sich gut als Themen beim „Jahrmarkt" und „Zirkus" einbauen. Lassen Sie ältere Kinder andere Wurfarten erfinden.

Rolle vorwärts – Reifen, Rollbretter, Kugeln

Reifen

Ziele

- ➡ Geschicklichkeit
- ➡ Koordinationsfähigkeit (Reaktion, Orientierung)
- ➡ Regeln akzeptieren
- ➡ Einzel- und Gruppenspiele

Material: 1 Reifen für jedes Kind, einige Tischtennisbälle

Austeilen der Reifen

Nr. 4

Die Spielleitung nimmt alle Reifen und rollt sie zu den einzelnen Kindern, die im Raum verteilt stehen. Jedes holt sich einen rollenden Reifen und bewegt sich im freien Spiel zur Musik. Auf diese Art lernen die Kinder die Eigenschaften des Reifens kennen.

Varianten:

- Reifen mit Hilfestellung der zweiten Hand rollen und nachlaufen
- Reifen zwirbeln
- Zwei oder mehrere Reifen auf einmal losrollen lassen
- Neben den Reifen herlaufen

Die Erwachsenen können beim freien Spiel ihre „Hula-Hoop"-Kenntnisse auffrischen. Die Kinder werden es ihnen bestimmt nachmachen.

Reifenübungen

Nr. 4

Bei Musik gilt freies Spiel mit den Reifen, bei Musikstopp werden verschiedene Übungen durchgeführt:

- Den Reifen auf den Boden legen und darauf balancieren
- Den Reifen mit Hilfe der Füße etwas hochheben
- In den Reifen hinein- und aus ihm hinaushüpfen
- Den Reifen zwirbeln; wenn er nur noch niedrig rotiert hineinhüpfen
- Den Reifen mit beiden Händen hochhalten und nach oben strecken
- Durch den Reifen steigen
- Die Reifen in einer Reihe hintereinander hinlegen und von einem Reifen zum anderen gehen (Ältere: hüpfen). Nach und nach den Abstand vergrößern

Schlafende Reifen

Nr. 4

Die Kinder laufen im Raum durcheinander und rollen die Reifen umher. Auf Impuls der Spielleitung werden die Reifen gezwirbelt. Auf einen weiteren Impuls lassen die Kinder die Reifen auspendeln bis sie am Boden liegen. Die Kinder machen dabei die Bewegung mit und werden kleiner und kleiner, bis sie ganz ruhig auf dem Boden neben den „schlafenden" Reifen liegen.

Reifentunnel

Die Erwachsenen bilden mit den Reifen einen „Reifentunnel“. Die Kinder gehen gebückt in einer Richtung durch diesen Tunnel.

Variante: Die Reifen höher halten, die Kinder müssen jetzt durch die Reifenreihe steigen – sie sind „Löwen im Zirkus“.

Tipp: Falls sich ein Kind noch nicht traut, steigt ein Erwachsener mit durch die Reifen.

Figurenlegen

Nr. 6

Zur Musik mit den Reifen laufen, bei Musikstopp verschiedene Figuren legen (z. B. eine Raupe oder eine Blume). Lassen Sie der Kreativität der Kinder freien Lauf.

Schieb den Ball

Nr. 17

Material: 1 Reifen, 1 Tischtennisball

Den Reifen schräg auf der Kante halten. Ein Tischtennisball soll vorsichtig mit dem Reifen vorwärtsgeschoben werden.

Varianten

- Im Rückwärtsgang den Tischtennisball im Reifen nachziehen
- Spiel zu zweit: den Tischtennisball mithilfe des Reifens einander zurollen
- Spiel in der Gruppe: In Kreisform aufstellen und mithilfe des Reifens mehrere Bälle einander zurollen. Ist das nicht ein Durcheinander?

Zielwerfen

Material: 1 Reifen, 3 Bälle (auch Softbälle)

Von der Spielleitung wird der Reifen in verschiedene Höhen gehalten. Nach einigen Versuchen kann der Reifen auch leicht hin und her bewegt werden. Jeweils drei Kinder haben je drei Versuche für ihre „Zielwürfe“. Die beiden anderen sind „Ballreicher“ und „Einsammler“.

Variante: Zielwürfe im Sitzen und Liegen (Bauch- bzw. Rückenlage) ausführen.

Autorennbahn

Nr. 6

Material: 2 Reifen, mehrere Tischtennisbälle

Zwei Reifen werden übereinander auf den Boden gelegt. Die Spielleitung teilt zuerst einen, später mehrere Tischtennisbälle aus. Die Kinder sollen mit den Händen die Bälle im Kreis „flitzen“ lassen. Eine „Autorennbahn“ ist entstanden.

Looping

Material: 2 Reifen, 1 Tischtennisball

Ein Erwachsener hält zwei Reifen senkrecht im Abstand von ca. 2 cm zueinander. Ein Kind legt einen Tischtennisball auf die so entstandene „ Rinne“ und versucht, den Ball hin- und herrollen zu lassen. Wer schafft einen Looping?

Rollbretter, Bogenroller

Ziele

- ➡ Koordinationsfähigkeit (Gleichgewicht, Orientierung, Reaktion)
- ➡ Geschicklichkeit
- ➡ Kreativität
- ➡ Kraft
- ➡ Einzel- und Gruppenspiele

Material: 1 Bogenroller oder Rollbrett, Seil, Ball, Reifen, Markierungshütchen, Klebeband, glatter Boden

Hinweis: Die Übungen sind zum größten Teil auch mit dem Rollbrett umzusetzen; ebenso eignen sich Rollbretter für schwere Pflanzen (Baumarkt). „Bogenroller" sind immer noch relativ unbekannt, obwohl alle – Erzieherinnen oder Eltern –, die sie eingesetzt haben, des Lobes voll sind: Probieren Sie es einfach mal aus!

Kennenlernen des Bogenrollers

Nr. 10

Die Kinder bekommen ihr Gefährt und erproben freies Fahren – auch Jüngere haben bald schon den Bogen raus.

Tipp für Eltern-Kind-Gruppen: In der Gruppe wird mit jeweils zwei Bogenrollern gearbeitet. Einer für den Erwachsenen und einer für das Kind. Es soll den Bogenroller in seiner eigenen Geschwindigkeit erkunden, bevor gezielte Spielvorschläge gegeben werden.

Geschicklichkeitsfahren

Wenn die Kinder vertraut mit ihrem fahrbaren Untersatz sind, fahren sie zu einer Markierung, steigen dort ab und schubsen den Bogenroller ohne Last zurück. Können sie auch schon mit zwei Bogenrollern nebeneinander die Markierung ansteuern? Und wer traut sich, in der Bauchlage auf dem Bogenroller zu fahren und sich dabei mit den Handflächen vom Boden abzustoßen?

Varianten für etwas Ältere:

- Einen Ball in den Bogenroller hineinlegen und das Gefährt vorsichtig schieben, ohne dass der Ball herausrollt.
- Mit dem Bogenroller durch einen vorgegebenen Parcours (Markierungshütchen bzw. Klebeband) Slalom fahren.
- Zwei Kinder sitzen auf ihren Bogenrollern und spielen sich einen Ball zu (rollen, prellen).

Bogenroller-Kür

Material: 1 Bogenroller, 1 Ball pro Paar, Seil, Sprossenwand, Reifen, Kästen und Matten

Diese anspruchsvolleren Übungen schaffen Kinder ab ca. 4 Jahren:

- Zwei Kinder (oder mehrere) sitzen auf Bogenrollern, werfen sich einen Ball zu und fangen ihn.
- Sitz bzw. Bauchlage auf dem Bogenroller, der mit einem Seil an der Sprossenwand angebunden ist. Nun gilt es, sich mithilfe der Hände zur Sprossenwand zu „hangeln".
- Zwei Kinder; eines sitzt bzw. liegt im Bogenroller und lässt sich mithilfe eines Reifens oder Seiles ziehen.
- Mit dem Bogenroller in unterschiedlichen Lagen (Sitz, Bauch) durch einen Tunnel fahren (z. B. aus zwei Kästen und einer darüber gelegten Matte).

Kugeln

Ziele

- Feinmotorik
- Sinnesschulung
- Förderung der Geschicklichkeit
- Konzentration
- Kreativität (Anregung – Fantasie)

Material: Kugel mit ca. 3 cm Durchmesser, z. B. Tischtennisball, Vollgummiball, Glaskugel (Murmel); 1 Pappröhre vom Küchenpapier; Spielmaterial aus dem Bewegungsraum (Langbank, Reifen, Matten, u.a.); Strukturpapier (z. B. gewellt, genoppt); Plastikleisten mit Rillen; Alugrilltassen; Schaumstoffreste zum Aufprellen der Kugel (Glaskugeln können splittern!)

Geschicklichkeitsspiel zum Kennenlernen

Die Kinder sitzen mit einer Pappröhre (Küchenpapier) und ein oder zwei Kugeln im Kreis. Zum Lied: „Große Uhren" (s. S. 62) sollen sie im Rhythmus die Kugel(n) in der Pappröhre hin und herrollen. Dabei halten sie die Röhre mit den Händen an jedem Ende zu.

Wer zielt zu mir?

Die Kinder sitzen im Kreis und lassen die Kugel durch die Rolle zu ihrem jeweiligen Gegenüber rollen.

Varianten

- Den Sitzabstand vergrößern
- Die Kugel mit der Rolle einfangen
- Zwei Kugeln auf einmal rollen lassen

Minigolf

Material: 1 Kugel und 1 Papprröhre pro Kind; Plastik, Packpapier, Alufolie, Schaumstoff; Bänke, Matten

Stellen Sie sich eine Minigolfanlage vor! Die „Kugelbahnen“ (s. unten) werden verteilt im Raum aufgestellt. Jedes Kind bekommt eine Papprröhre und eine Kugel. Die Kugel wird durch die Rolle gerollt, dadurch ist auch die Richtung vorgegeben. Die Kinder gehen jeweils zu einer selbst aufgebauten „Minigolfstation“ und lassen die Kugel mit Hilfe der Küchenrolle über die Hindernisse rollen. Nach einigen Rollversuchen die Stationen wechseln.

Variante für Paare: Die rollende Kugel wird beim Ankommen von dem zweiten Kind wieder mit der Küchenrolle eingefangen.

Vorschläge für Kugelbahnen

- Die Kugel auf verschiedenen Untergründen, die auf einer Matte liegen, rollen lassen: Verpackungsplastik, Alufolie ... Als Begrenzung prallt die Kugel an einer seitlich liegenden Langbank auf.
- Die Kugel über eine Langbank rollen lassen. Mithilfe der Küchenrolle geht das leichter.
- In einer Rinne rollen lassen, die von zwei fast aneinander gestellten Langbänken gebildet wird.
- Die Kugel auf der Rinne rollen lassen, die von Erwachsenen in verschiedenen Schrägen gehalten wird.
- Die Kugel auf Schaumstoff fallen lassen.

Ich kann was

Nr. 8

Die Kinder bewegen sich mit der Kugel zu einer langsamen Musik frei im Raum. Bei Musikstopp probieren sie verschiedene Techniken aus:

- Mit der Handfläche die Kugel rollen
- Mit einem Finger an der Kugel bleiben und weiterschieben
- Die Kugel mit einem Finger wegstoßen
- Die Kugel mit der Faust wegrollen
- Die Kugel von der gestreckten Handfläche in die andere Hand hinunterrollen lassen
- Die Kugel vom Handrücken rollen lassen

Varianten

- Mit den Zehen rollen
- Mit den Zehen an der Kugel bleiben und weiterrollen
- Mit der Ferse rollen
- Mit der Fußinnenseite rollen
- Mit der Fußaußenseite rollen
- Mit der Fußfläche leicht auf der Kugel stehen und in dieser Position die Kugel vor und zurück bewegen bzw. kreisförmig bewegen

Lauter Linien – Laufspiele mit Seil und Klebeband

Auf dem Klebeband

Ziele

- ➡ Koordinationsfähigkeit (Reaktion, Orientierung, Gleichgewicht)
- ➡ Beweglichkeit
- ➡ Ausdauer
- ➡ Konzentration
- ➡ Sinnes- und Körpererfahrung
- ➡ orgegebene Laufrichtungen einhalten

Material: Sind keine Markierungen am Boden vorhanden (wie etwa in Gymnastikräumen oder Turnhallen), verwenden Sie Klebebänder zur Markierung.

Ausweichen und Richtungswechsel

Nr. 16

Zum Aufwärmen laufen die Kinder bei Musik auf den weitflächig vorgeklebten Linien; dabei darf jedes Kind sein Tempo wählen. Zum Ausweichen sind Kreuzungen oder ein „Kreisverkehr" vorhanden. Die freie Übung geht in eine angeleitete über: Die Kinder laufen in derselben Richtung hintereinander – jetzt ist ganz schneller Richtungswechsel angesagt! Auch wenn es noch so lustig ist, vergessen Sie bitte nicht das Tempo der Kleinen.

Wie bewege ich mich fort?

Nr. 8 oder 16

Übungen im Gehen:

- Langsam
- Schnell
- Steif wie ein Roboter
- Wippend
- Schleichend wie eine Katze
- Kleine Schritte
- Große Schritte
- Vorwärts
- Rückwärts
- Seitlich im Nachstellschritt überkreuzend
- Laut (trampeln)
- Leise

Varianten

Größere Kinder bewegen sich im Laufschritt.

Für die Sinnes- und Wahrnehmungsschulung können die Übungen barfuß durchgeführt werden, so gibt es zusätzlich eine Fußgymnastik. Mit den Füßen:

- Auf den Zehenspitzen gehen (tippeln)
- Auf der Ferse
- Gewicht auf die großen Zehen verlagern
- Fuß von der Ferse zur Zehe abrollen lassen
- Geht es auch umgekehrt?
- Auf den Linien mit den Zehen kratzen (wie eine Katze)

Lasst uns springen! Nr. 16

Material: Sandsäckchen, Tücher, Seile

Wir springen über die Linien:

- Mit leicht geschlossenen Beinen
- Mit leicht abgewinkelten Beinen
- Aus dem Stand
- Aus dem Hockstand
- Mit steifen Beinen
- Mit Anlauf
- Rückwärts
- Seitwärts
- Von einem Bein zum anderen
- Über Hindernisse, die auf den Linien liegen (Sandsäckchen, Tücher, Seile u.a.)

Tiger, Ente, Frosch und Co. Nr. 12

Die Spielleitung schlägt den Kindern vor: „Jetzt sind wir Tiere. Immer, wenn ich euch ein Tier nenne, versucht ihr, euch genauso zu bewegen. Wir beginnen mit dem Tiger!“ Die Kinder gehen auf alle Viere und schleichen auf der Linie entlang. Wie können wir uns bewegen als: Elefant, Ente, Schlange, Hase, Frosch, Affe?

Alle auf die roten Linien

Nr. 8 und 16

Material: verschiedenfarbige Klebebänder

Die Spielleitung bereitet den Raum vor und klebt – je nach Größe – drei oder mehr verschiedenfarbige Bänder als Linien auf den Boden. Dann wird das Kommando gegeben: „Alle auf die rote Linie!“ (blaue, gelbe, grüne ...)
Und anschließend: „Alle schreiend zu der grünen Linie“ (sprechend, lachend, weinend, summend ...)

Variante: Die Füße sollen bei Musikstopp links und rechts von der Linie stehen. Die Linie darf nicht berührt werden!
Alle Kinder laufen entlang einer Seite der Linie. Dann gibt es Seitenwechsel.

Tipp: Auch hier gilt es wieder, den Entwicklungsstand der Kinder zu beachten, denn davon hängt es ab, wie genau die Übung umgesetzt werden kann. Kleine Kinder sollen vor allem Spaß haben und vieles erproben dürfen. Bei Größeren sagt die Spielleitung die Übungen präzise an und achtet darauf, dass die Regeln eingehalten werden!

Seile

Ziele

- ➡ Koordinationsfähigkeit (Reaktion, Orientierung)
- ➡ Geschicklichkeit
- ➡ Einzel- und Gruppenspiele

Material: möglichst jedes Kind bekommt ein buntes Seil

Seil kennen lernen

Nr. 8

Die Seile liegen verteilt im Raum. Die Kinder sollen sich zur Laufmusik frei bewegen, ohne dass die Seile berührt werden. Bei Musikstopp führen sie verschiedene Übungen mit dem Seil aus:

- Mit den Zehen in Kurvenform legen
- Mit den Zehen etwas hochheben
- Mit den Armen hochstrecken
- Mit den Händen seitlich links und rechts vor den Körper ziehen
- Über das gehaltene Seil steigen (vor- und rückwärts)
- Figuren legen (Sonne, Schnecke, Teich, Haus u.a.)

Zahlenspiel

Nr. 4

Die Seile liegen verteilt im Raum. Die Kinder bewegen sich frei zur Laufmusik, ohne dass die Seile berührt werden. Bei Musikstopp ruft die Spielleitung eine Zahl (z. B. „3“), und die Kinder führen die unterschiedlichen, zuvor beschrieben, Übungen so oft wie vorgegeben (hier: drei Mal) durch.

Variante: Sie rufen eine Zahl, maximal bis „5“, und so viele Kinder dürfen bei Musikstopp auf einem Seil stehen.

Berühr mich nicht

Nr. 12

Die Seile liegen verteilt im Raum. Zur Laufmusik frei bewegen, ohne dass die Seile berührt werden. Bei Musikstopp erhalten die Kinder verschiedene Laufvorgaben:

- Durcheinander in Kurvenform im Raum gehen
- Im Grätschgang gehen (das Seil in der Mitte)
- Über die Seile springen
- Im Nachstellschritt gehen
- Auf einer Seilseite vorwärts, auf der anderen rückwärts gehen

Laufspiel mit Seil   Nr. 12

Jedes Kind hat ein Seil in der Hand und läuft damit im großen Kreis. Kein anderes Kind darf die Seile berühren, aber alle können nach und nach versuchen, über die bewegten Seile zu springen (steigen). Bei Musikstopp rückwärts laufen mit Blickrichtung zu den Seilen, die jetzt in Schlangenlinien geschwungen werden. Jetzt darf keiner das Seil mit den Füßen berühren. Beim nächsten Musikstopp wieder vorwärts laufen, und so viel Seile wie möglich stoppen (draufsteigen, ein lächelnder Blickkontakt zum Ziehenden, und gleich geht es wieder weiter).

Variante für ältere Kinder: Das Seil abwechselnd rechts und links halten lassen.

Spinnentanz   Nr. 1

Material: bunte und naturfarbene Seile oder Springschnüre

Die Hälfte der Kinder bekommen naturfarbene, die andere bunte Seile. Sie stehen im Kreis. Mithilfe der Spielleitung werden alle Seile am einen Ende zusammengeknotet, und jedes Kind nimmt sich danach ein Seilende. Beim ersten Musikabschnitt gehen die Kinder rechts und beim nächsten nach links (Handwechsel). Die Schrittart variieren (z. B. Seitstellschritte, Seil zu den Schritten hochhalten bzw. tiefhalten).

Variante: Die Kinder mit den bunten Seilen nehmen zusätzlich auch die naturfarbenen Seile in die Hand. Anschließend werden die Seile in Form eines „Spinnennetzes“ auseinandergezogen. Die Kinder ohne Seil versuchen nun, über die am Boden gehaltenen Seile zu steigen . Die Seile in verschiedenen Höhen halten, z. B. abwechselnd hoch und tief, damit ein Durchschlüpfen möglich wird.

Meine Zehen sind geschickt

Nr. 12

Die Seile liegen im Raum verteilt. Bei Musikstopp sagt die Spielleitung die Aufgabe an:

- Das Seil in Kurvenform legen
- Das Seil hochheben
- Eine Sonne mit dem Seil bilden und in die Sonne hüpfen und wieder verkehrt raushüpfen
- Einen geraden „Weg“ mit dem Seil legen.
- Auf dem „Weg“ vor- und zurückgehen
- Seitstellschritt auf dem Seil gehen

Der Seil-Zug

„Stellt euch vor, dass das Seil ein langer Zug ist.“ Während er fährt (im Sitzkreis das Seil von einer Hand zur anderen weiterreichen), wird der „Zug“ durch lautes „Tschu, tschu, tschu“ begleitet, es pfeift und zischt. Mindestens dreimal fährt der „Zug“ im Kreis.

Variante: Haben Sie kein Tau oder Seil zur Verfügung, so häkeln Sie sich aus vielen Wollresten eine lange Schnur (5–10 m) und spielen dasselbe Spiel. Sind ältere Kinder anwesend, bekommt die Schnur viele Knoten. „Fährt“ ein Knoten durch die Hand, wird „Uuuuu“ gerufen, an den glatten Stellen „Tschu, tschu, tschu“. Das Spiel wird besonders lustig, wenn Große und Kleine miteinander spielen.

Schnelles Seil

Nr. 16

Die Kinder stehen an einer Wandseite. Zwei Erwachsene hocken vor ihnen und halten ein Seil gespannt auf dem Boden. Mit Musikeinsatz laufen die Kinder über das Seil, außen um das Seil geht es zurück zum Ausgangspunkt. Was ist jetzt los? Das Seil „läuft“ den Kindern davon (die Erwachsenen ziehen es weiter weg). Schnell hinterher, um das Seil erreichen! Jetzt können wir wieder über das Seil laufen.

Variante: Das Seil wird ein wenig in der Höhe gehalten – für die ersten Steig- oder Sprungversuche.

Mit Schwung durchs Seil

Material: 1 Springseil, Sprossenwand

Befestigen Sie das Springseil am einen Ende in ca. 30 cm Höhe an der Sprossenwand. Das andere Ende nehmen Sie und schwingen das Seil hin und her. Das Kind bleibt auf dem vorgegebenen Platz und übersteigt oder überspringt die Schnur.
Nach dieser Vorübung laufen die Kinder (anfangs nur in Begleitung eines Erwachsenen!) durch das geschwungene Seil. Vorsicht: Das Seil langsam schwingen und sofort „Stopp“ bei Gefahr!

Der Teich

Nr. 8 oder Nr. 12

Mit dem Seil einen „Teich“ auf dem Boden formen. Auf dem „Teichrand“ balancieren (im Vorwärtsgang, Seitstellschritt, auf der Ferse, auf den Ballen). Die Kinder können experimentieren, wie es noch möglich ist, auf dem Seil zu gehen.

Eisenbahn von nah und fern

... haben alle Kinder gern.
Nimm mich mit, nimm mich mit, nimm mich mit.

Ein Kind geht mit dem Seil in der Hand zum Text im Raum umher. Bei „nimm mich mit“ bleibt die „Eisenbahn“ vor einem Kind stehen, es hängt sich an, bis alle zugestiegen sind. Sind die Kinder noch sehr jung, so spielt immer ein Erwachsener oder ein älteres Kind mit einem jungen zusammen.

Jetzt geht`s los

Material: 1 Seil, 1 Overball pro Kind

In der Mitte des Raumes wird das Seil von zwei Kindern gespannt gehalten. Die anderen werfen die Bälle über das Seil hin und her. Mit dem Seil werden verschiedene Höhen vorgegeben. Die Spielleitung schlägt verschiedene Wurfarten vor: mit einer Hand, mit beiden Händen werfen; mit dem Rücken zum Seil; den geworfenen Ball fangen ...

Ziehen, dehnen, strecken – Strumpfzopf und Gummiband

Strumpfzöpfe

Ziele

- ➡ Koordinationsfähigkeit (Reaktion)
- ➡ Geschicklichkeit
- ➡ Begriffe verstehen
- ➡ Kräftigung der Muskeln
- ➡ Vertrauen gewinnen
- ➡ Konzentration fördern
- ➡ Einzel- und Partnerspiel
- ➡ Farben erkennen und zuordnen können – Sinnesschulung

Wir basteln einen Strumpfzopf

Material: 3 Strumpfhosen (wenn möglich verschiedenfarbig), Schere

So geht's: Beinteile verknoten und flechten. Die Hosenteile abschneiden und das Ende der Beinteile wieder verknoten.

Auf den Zopf!

Nr. 4

Material: So viele Strumpfzöpfe wie Kinder

Jedes Kind legt „seinen" Zopf auf den Boden und läuft zur Musik, dabei werden die Zöpfe nicht berührt. Bei Musikstopp ruft die Spielleitung: „Jedes Kind auf seinen Zopf!" Nun werden Übungen ausprobiert:

- Vorwärts gehen
- Rückwärts gehen
- Im Nachstellschritt gehen
- Auf den Zehenspitzen über den Zopf gehen
- Nur mit der großen Zehe den Zopf an verschiedenen Stellen antippen
- Auf den Fersen über den Zopf gehen

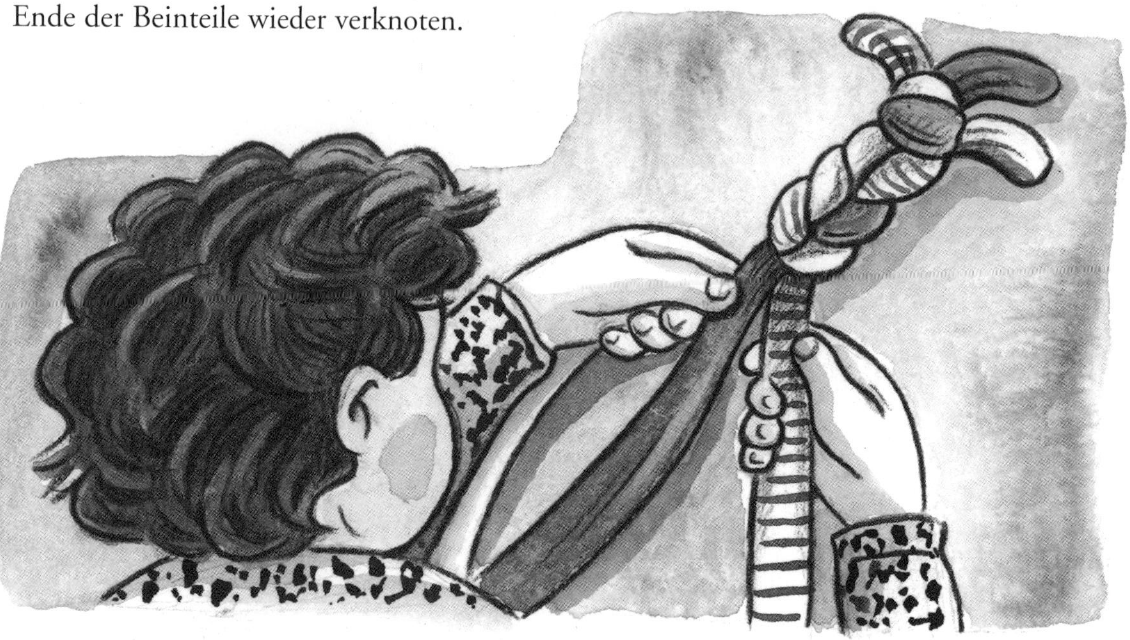

Ich kann was! Nr. 6

Die Kinder laufen zur Musik mit dem Zopf im Raum herum. Bei Musikstopp führen sie verschiedene Übungen aus:

- Den Zopf vor der Brust dehnen
- Über dem Kopf dehnen
- Den Zopf mit beiden Händen erfassen und auseinanderziehen, soweit es geht (in waagerechter und senkrechter Position)
- Den Zopf mit beiden Händen anfassen, in die Hochhaltung bringen und über die Vorhaltung nach unten führen und wieder zurück
- Mit dem Zopf den Rücken „abtrocknen"
- Den Zopf in den Nacken geben und ziehen
- Den Zopf über dem Kopf halten und sich leicht nach links und rechts beugen
- Den Zopf vor dem Körper kreisen (seitlich kreisen)
- Mit dem Zopf den Fuß hochziehen (im Gehen oder Liegen)

Je nach Alter der Kinder vier bis zehn Übungen durchführen. Ältere können ohne weiteres mehrere Varianten ohne Laufteil machen. Der Laufteil ermöglicht den jüngeren Kindern, sich zwischendurch aufzulockern. Dadurch können sie auch mehrere Geschicklichkeitsübungen ausprobieren.

Die fleißigen Baumeister

Nr. 1

Die Kinder laufen mit den Zöpfen zur Musik. Bei Musikstopp ruft die Spielleitung: „Alle Baumeister bauen gemeinsam ein Haus", das heißt, die Kinder formen mit den Zöpfen auf dem Boden ein Haus, einen Teich, eine Burg ...

Variante: alle Figuren mit den Füßen legen

Im Sausewind Nr. 8

Die Zöpfe werden in gleichmäßigen Abständen auf den Boden gelegt. Zur Laufmusik bewegen sich die Kinder:

- Im Slalom um die Zöpfe laufen
- Drübersteigen
- Drüberspringen

Variante: Ältere Kinder gehen im Nachstellschritt neben den Zöpfen vorwärts: Mit dem rechten Fuß einen kleinen Schritt nach vorn machen,, der linke wird nachgezogen, das Gewicht verlagert sich auf diesen Fuß; wieder den rechten nach vorn stellen und den linken nachziehen usw. So gehen die Kinder im Takt der Musik mit fließenden Bewegungen nach vorn. Anschließend mit dem linken Fuß beginnen.

Säge, säge, Holz entzwei

Zum Spruch
Säge, säge Holz entzwei,
kleine Stücke, große Stücke,
kni, kna, knocks.

zu zweit mit je einem Zopf in jeder Hand sägende Bewegungen machen. Nach der letzten Zeile „kni, kna, knocks“ werden die Zöpfe losgelassen (das Holzstück ist abgeschnitten).

Variante: Die Kinder sollen einmal langsam, einmal schnell sprechen und sich entsprechend bewegen.

Zug, Zug, Eisenbahn

Material: Matten oder Klebeband; je 1 Zopf für jedes Kind

Mit Matten auf dem Boden oder einer Begrenzung mit Klebeband werden Hallen für Eisenbahnwaggons angedeutet. Die Kinder sind die Waggons und warten dort. Ein Kind ist Lokführer und spielt die Lokomotive. Es holt mit seinem Zopf die Eisenbahnwagen ab, indem sich die Kinder an ihren Zöpfen ankoppeln: mit der einen Hand den Zopf des vorderen Kindes fassen, mit der anderen ihren Zopf nach hinten halten, wo sich das nächste Kind ankoppelt.
Zug, Zug, Eisenbahn,
wer will mit nach ... fahrn? (Bekannte Ortschaften, Stadtteile und Urlaubsziele verwenden)
Zu diesem Text bewegt sich die Gruppe im Raum, bis alle Kinder in Fahrt sind.

Zöpfchen rauben **Nr. 8**

Die Kinder laufen zu einer schnellen Musik mit dem im Hosenbund eingesteckten Zopf herum. Bei Musikstopp soll jedes Kind so viele Zöpfe wie möglich rauben. Das gibt viel Spaß beim großen Gerangel!

Gummiband

Ziele

- Beweglichkeit
- Geschicklichkeit
- Koordinationsfähigkeit
- Rückenschulung
- Einzel- und Gruppenspiele

Material: Gummilitzen oder weiße Gummibänder (erhältlich im Geschäft für Schneiderbedarf oder in der Kurzwarenabteilung) halten nicht nur Unterhosen zusammen – wir können damit auch wunderbare Spiele machen. In Österreich sagen wir übrigens „Hoseneinziehgummi" oder „Springginkerl" dazu. Wir brauchen 1 Gummiband pro Person (Länge = doppelte Körpergröße).

Figurenlegen Nr. 6

Die Kinder laufen zur Musik umher, halten ihr Gummiband in einer Hand und ziehen es hinterher. Bei Musikstopp tun sich alle Kinder zusammen (je nach Zahl werden auch zwei oder drei Gruppen gebildet) legen die Gummibänder auf den Boden und formen zusammen eine Figur bzw. ganze Szene (für Ältere) – nach Vorgabe der Spielleitung oder nach Entscheidung der Kinder in der Gruppe. Dabei können die Hoseneinziehgummis zusammenstoßen oder sich überkreuzen.
Figuren könnten z. B. sein: eine lange Straße, ein großer Kreis; eine mögliche Szene könnte sein, dass die Sonne auf einen Baum scheint, unter dem eine Schlange in der Wärme schläft.

Zügelt die Pferde Nr. 16

Die Kinder laufen zur schnellen Musik wie Pferdchen im Raum umher. Das Gummiband wird dabei wie ein Zügel auf Höhe des Bauches mit beiden Händen nach hinten gehalten.

Fenstergucker Nr. 12

Die Kinder laufen zur schnellen Musik mit dem Gummiband in der Hand im Raum umher. Bei Musikstopp versuchen sie, ein „Fenster" zu formen: Sie stellen sich im Grätschstand auf das Gummiband und halten es mit gestreckten Händen nach oben. In dieser Position versucht der „Fenstergucker", sich in verschiedenen Gangarten fortzubewegen (vorwärts, rückwärts, seitwärts, hüpfen, trampeln, u.a.).

Große Uhren

Die Kinder bewegen sich in der „Fensterguckerposition“ (s. vorheriges Spiel) pendelnd zu dem folgenden Text (angelehnt an ein altes Kinderlied):
Große Uhren machen tick-tack,tick-tak,
kleine Uhren machen ticke-tacke, ticke-tacke.
Und die ganz, ganz kleinen Uhren machen Ticke-tacke-ticke-tacke, ticke-tacke-ticke-tacke,
TACK!

In der zweiten Strophe heißt es:
Große Glocken machen bim-bam, bim-bam,
kleine Glocken machen bimmel-bammel, bimmel-bammel.
Und die ganz, ganz kleinen Glöckchen machen bimmel-bammel-bimmel-bammel, bimmel-bammel-bimmel-bammel,
BOMM!
Bei „Große Glocken“ stehen die Kinder auf dem Gummiband, halten es mit beiden Händen fest und gehen abwechselnd vom Hockstand in die Streckposition.

Die dritte Strophe geht so:
Große Scheren machen schnipp-schnapp, schnipp-schnapp,
kleine Scheren machen schnippe-schnappe, schnippe-schnappe.
Und die ganz, ganz kleinen Scheren machen schnippe-schnappe-schnippe-schnappe, schnippe-schnappe-schnippe-schnappe,
SCHNAPP!
Nun wird das Gummiband über Kreuz mit den Händen vor dem Körper gehalten. Zum Text „Große Scheren machen schnipp-schnapp“ strecken die Kinder die Arme seitlich auseinander und imitieren somit die Scherenbewegung.

Ziehharmonika

Das Gummiband wird einmal zusammengelegt, mit den Händen in Brusthöhe gehalten und wie eine Ziehharmonika auseinander- und zusammengezogen. Zum Text „... sie spielt uns immer wieder ...“ Die Kinder versuchen, gemeinsam im Rhythmus des folgenden Verses das Gummiband zu ziehen:
Wir haben eine Ziehharmonika,
eine Tschinderassa, Tschinderassa, bum-bum-bum.
Sie spielt uns immer wieder
die allerschönsten Lieder.
Bei der zweiten Zeile stampfen die Kinder zum Text zusätzlich auf den Boden.

Varianten
Das Gummiband wird nach jeder Strophe einmal mehr zusammengelegt.
Zum Text „Sie spielt uns immer wieder ...“ das Gummiband schwingend kreisen.

Geschickte Beine

Zwei oder mehr Kinder stehen sich gegenüber und halten ein Gummiband (bzw. bei mehr Kindern mehrere Bänder) über dem Boden. Die anderen gehen, laufen, springen über oder schlüpfen unter dem Gummiband hindurch.

Tipp: Das Spiel immer in derselben Laufrichtung durchführen!

Das verknotete Band

Nr. 4

Das Gummiband zusammenlegen und verknoten. Zur gemütlichen Musik im Raum umhergehen und das Gummiband von einer Hand in die andere geben.

Varianten allein

- Gummiband so weit wie möglich werfen und dann wieder holen
- Gummiband hochwerfen, auf den Boden fallen lassen beim Aufheben richtiges Bücken üben (diese Übung ist vor allem für ältere Kinder und Erwachsene wichtig – wir gehen beim Bücken mit geradem Rücken in die Hocke)
- Gummiband hochwerfen und fangen
- Gummiband auf den Kopf legen, nicken und es mit den Händen fangen.

Varianten zu zweit

- Gummiband auf den Kopf legen, nicken und den Partner auffangen lassen
- Ein Kind steht mit dem Rücken zum anderen und wirft in dieser Position das Gummiband über seinen Kopf zum Partner
- In derselben Position das Gummiband durch die gegrätschten Beine zur Partnerin werfen.

Luftballon aufblasen

<Illu>

Material: 1 langes Gummiband (ca. 6 Meter)

Die Kinder stehen in einem engen Kreis und halten das Gummiband, das gemeinsam mit den Lauten „Phu, phu“ „aufgeblasen“ wird (der Kreis wird größer). Mit „Bsss, bsss“ wird die „Luft“ wieder ausgelassen, und alle kommen in der Mitte zusammen. Das „Aufblasen“ öfter wiederholen, zum Schluss „platzt“ der „Luftballon“, und alle fallen um.

Das Ziel vor Augen – Sandsäckchen und Wurfscheibe

Sandsäckchen

Ziele

- Kräftigung der Hand- und Armmuskulatur
- Übungen mit den nackten Füßen stärken die Fußmuskulatur
- Koordinationsfähigkeit (Gleichgewicht, Orientierung, Reaktion)
- Feinmotorik
- Spiel allein, zu zweit und in der Gruppe

Wir basteln ein Sandsäckchen

Material: weicher Stoff oder 1 Frottewaschlappen, Schere, Nadel und Faden, Nähmaschine;
Füllmaterial: Sand, Reis, Getreidekörner, Linsen, Kirschkerne (zum Waschen geeignet ist ein Plastikgranulat), Trichter

So geht's: Schneiden Sie zwei Rechtecke zu den Maßen 15x20 cm, und geben Sie etwas für den Saum zu. Mit der Nähmaschine sind die Teile schnell zusammengenäht. Lassen Sie ein kleines Stück offen, damit der Stoff auf rechts gewendet und die Füllung vom Kind mithilfe eines Trichters eingefüllt werden kann. Anschließend wird das Säckchen mit der Hand zugenäht.

Kennenlernspiele mit dem Säckchen

Die Kinder sitzen im Kreis. Zu dem Vers
Ich kann was, ich kann was, schaut nur her!
Ich kann was, ich kann was, das ist nicht schwer.
probieren die Kinder verschiedene Greifarten aus, z. B.:

- Mit der Handfläche von oben das Säckchen ergreifen, von unten, mit der gestreckten Hand, über den Kopf, von einer Hand in die andere fallen lassen ...
- Mit den Füßen das Säckchen greifen und schaukeln, hochwerfen ...

Über bunte Hügel

Nr. 12

Alle Kinder tragen ein farbiges Kissen auf einen Körperteil, der vom Spielleiter vorgegeben wird (z. B. gestreckte Handfläche, auf der Schulter, auf dem Kopf). Auf das Kommando „Alle gelben Kinder hierher!“ laufen die Kinder, die ein gelbes Kissen tragen, zu einer Raumecke, schütteln es ab, und so entsteht ein Hügel. Zum Abschluss stellen sich die Kinder hintereinander auf. Dann versuchen sie eins nach dem anderen mit einem großen Anlauf, über den Hügel zu springen.

Die Langbank steht im Weg

Material: stabile Bank

Die Spielleitung macht den Kindern verschiedene Vorgaben:

- Mit dem Sandsack die Bank überqueren
- Mit dem Fuß das Säckchen über die Bank schieben
- Über das Säckchen, das auf der Bank liegt, steigen
- Auf dem Bauch liegend (Säckchen auf den Rücken) ziehen sich die Kinder über die Bank
- Mithilfe einer Hand das Säckchen auf dem Kopf über die Bank tragen
- Das Säckchen ganz hoch halten und über die Bank steigen

Zeigt her eure Füße

Material: Sandsäckchen (bei Jüngeren mehrere)

Die Kinder sitzen im Kreis und schieben das Säckchen mit den Füßen zum Nachbarn. Achten Sie bitte darauf, dass bei Jüngeren nach jedem dritten Kind ein weiteres Säckchen eingespielt wird (kleine Kinder können noch nicht so lange warten)!

Tipp: Mit bloßen Füßen wirkt die Fußgymnastik besser.

Varianten:
Das Säckchen mit den Zehen greifen, hochheben und vor dem Nachbarn zu Boden fallen lassen, dieser nimmt das Säckchen auf und reicht es weiter.
Das Nachbarkind greift das Säckchen in der Luft und gibt es entsprechend weiter.
Alle Kinder stehen; einem Kind wird das Säckchen auf den Fußrücken gelegt, und es muss es langsam zu einem anderen Kind weitergeben. Kann es vielleicht sogar das Säckchen von seinem Fußrücken auf den des Anderen gleiten lassen? Dieses Kunststück probieren alle Kinder beim Weitergeben aus.

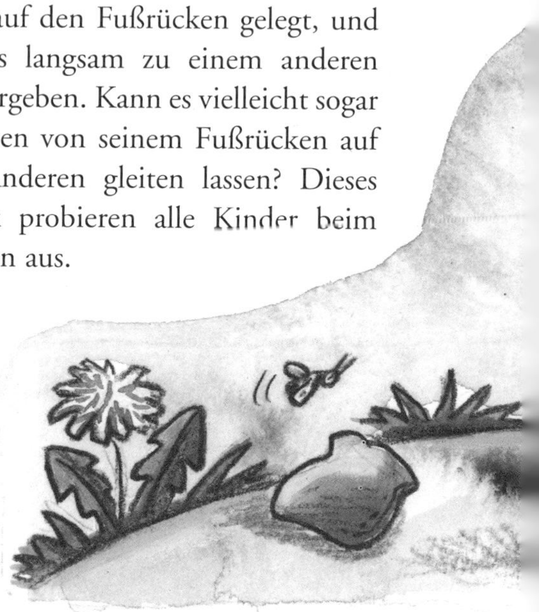

Säckchenwerfen

Nr. 16

Zur Musik mit den Säckchen laufen. Bei Musikstopp nacheinander folgende Wurfübungen ausprobieren, die jeweils von der Spielleitung angesagt werden:

- Hochwerfen (einhändig, beidhändig)
- Seitlich werfen
- Über den Kopf rückwärts werfen (eine schwierige Übung, die nicht immer gelingt!)
- Säckchen zwischen den gegrätschten Beinen rückwärts werfen
- Säckchen durch einen Reifen werfen (Reifenhöhe variieren bzw. – bei älteren Kindern – den Reifen bewegen)
- Auf dem Rücken liegen, das Sandsäckchen auf die Füße legen (Jüngeren legt eine Erwachsene das Säckchen auf die Füße) und anschließend mit einem kräftigen Ruck wegstoßen; wer schafft es am weitesten?

Sandsackhockey

Material: 1 Langstab oder Besenstiel, 1 Säckchen, Klebeband

Kleine Kinder können nacheinander versuchen, ihren Sandsack in ein mit Klebeband vorgegebenes Tor zu schießen. Ältere bilden zwei Mannschaften, haben zwei Tore und einen Sandsack. Achten Sie besonders auf die Einhaltung von Fairness-Regeln: Der Stock darf nur in Richtung Boden zeigen!

Variante: Zwei Mannschaften, jedes Kind hat einen Sandsack. Welche Mannschaft hat schneller ihre Sandsäcke im Tor?

Wurfscheibe

Ziele

- ➡ Unterscheiden von Materialien und deren Verwendung
- ➡ Bewegungserfahrung
- ➡ Koordinationsfähigkeit (Gleichgewicht, Orientierung, Reaktion)
- ➡ Durch Angreifen Begreifen lernen
- ➡ Ordnungsübungen
- ➡ Geschicklichkeit erleben
- ➡ Einhalten kleiner Regeln
- ➡ Feinmotorik

Material: Wurfscheiben aus unterschiedlichen Materialien (z. B. Hartplastik – alle Übungen am Boden ausführen lassen: Verletzungsgefahr!); weiche Materialien (z. B. Weichgummi- bzw. Schaumstoffscheiben) zum Werfen; auch andere runde Materialien sind geeignet, z. B. Bierdeckel, Holzscheiben, Plastikuntersetzer

Ich geh spazieren

Nr. 4

Die Kinder bewegen sich mit ihrer Wurfscheibe frei im Raum. Dann macht die Spielleitung Vorschläge zum Thema „Halten“:

- Mit beiden Händen
- Mit zwei Fingern
- Unter der Achsel, dem Kinn bzw. dem angewinkelten Knie einklemmen
- Auf dem Kopf halten

Varianten mit Musik und Musikstopp

- Flattern wie ein Vogel (Arme vor dem Körper bzw. seitlich auf und nieder bewegen)
- Stoßen: Wurfscheibe mit der Hand wegstoßen bzw. mit den Füßen
- Drehen – Zwirbeln: mit der aufgestellten Scheibe, mit der am Boden liegenden Scheibe, Antrieb mit einem Finger, mit der Hand, dem Fuß, sich selbst (Kind) in die Scheibe setzen und drehen
- Rollen: frei im Raum, zu einem Ziel
- Schleudern: frei im Raum, zu einem Ziel

Tipp: Vergessen Sie nicht die andere Hand!

Eine Autofahrt ist lustig!

Nr. 10

Material: 1 Scheibe pro Kind, viele Matten, Reifen oder Tücher

Die Spielleitung erklärt, dass die Kinder heute Auto spielen, die Scheiben sind die Lenkräder. Und aus den Matten (reifen, Tüchern ...) werden gemeinsam Parkplätze für alle Autos gebaut. Zur schnellen Musik „fahren" die Kinder herum und lenken mit der Scheibe. Bei Musikstopp heißt es: „Jeder zu einem Parkplatz"!
Haben alle Kinder einen Parkplatz gefunden, stellen wir fest, dass die „Autos" schmutzig sind. Die Wurfscheiben liegen auf dem Parkplatz, und mit den Händen wird der Körper (das Auto) gewaschen. Bitte die „Lichter und Fenster" beim Säubern nicht vergessen!
Ältere Kinder fahren in die Waschanlage, jeweils zwei bis vier Kinder sind die Bürsten, die das Auto abreiben und ruckweise vorwärts schieben, bis es sauber wieder herausfahren kann – wie in einer richtigen Waschanlage eben.

Variante: Es gibt so viele verschiedene Fahrzeuge, z. B.:

- „Lastkraftwagen" – zwei Kinder mit je zwei Wurfscheiben stehen hintereinander Jeder hält links und rechts eine Wurfscheibe als Rad in der Hand
- „Zug" – einige Kinder hintereinander; die Lokomotivführer lenken mit der Wurfscheibe. Wenn zwei Züge unterwegs sind ergibt das ein lustiges Treiben!

Wurfscheibe zu zweit

Nr. 4

Alle Scheiben liegen, im Raum verteilt, auf dem Boden. Die Kinder laufen zur schnellen Musik frei herum. Bei Musikstopp werden verschiedene Impulse gegeben:

- Die Scheiben zurollen
- Zuschleudern
- Zustoßen
- Es gibt keine festen Partner – gespielt wird immer mit dem Kind, das in der Nähe ist.

Die Körperreise Nr. 6

Zur Musik bewegen sich die Kinder mit der Wurfscheibe im Raum. Die Spielleitung zeigt verschiedene Übungen, die nachgemacht werden:

- Mit gestreckten Händen die Scheibe hochhalten
- Die Scheibe auf den Kopf setzen – hält sie besser auf der Ober- oder der Unterseite?
- Auf den Schultern (einmal rechts, dann links) tragen
- Mit den Fuß in der Scheibe stehen und schieben (vorwärts, rückwärts)
- im „Vierfüßlerstand" gehen und die Scheibe wie ein Esel auf dem Rücken tragen
- Schlittschuhschritt in den Scheiben
- Das Kind stellt sich mit je einen Fuß in die eigene und in die Scheibe des Partners. Nun lernen wir das Durchstrecken der Beine. Lassen Sie mit dem Schieben nach hinten beginnen – erst später nach vorn: eine Partnerübung für Eltern-Kind-Gruppen

Gummi- oder Schaumstoffscheibe Nr. 7

Sind den Kindern die Bewegungsmöglichkeiten mit der Hartplastik-Wurfscheibe bekannt, können zusätzlich verschiedene Übungen mit der Gummi- oder Schaumstoffscheibe ausprobiert werden:

- Hochwerfen (mit einer Hand, mit zwei Händen)
- Zuwerfen (ohne und mit Fangen)
- In ein Ziel werfen

Wurfscheibe und Tischtennisball

Nr. 6

Material: pro Kind 1 Wurfscheibe und 1 Tischtennisball

Die Kinder sitzen im Kreis oder bewegen sich zur langsamen Musik frei im Raum; jedes hat einen Tischtennisball und eine Wurfscheibe.

Die Spielleitung zeigt verschiedene Übungen:

- Den Ball in der Scheibe rollen
- Von einer Seite zur anderen
- Die Scheibe am Boden mit einem Finger kreisförmig bewegen
- Den Ball mithilfe der Scheibe in die Luft schießen und wieder fangen
- Die Scheibe mit dem Ball kippen und ihn dann wieder auffangen
- Die Scheibe auf dem Kopf mit den Händen halten und bewegen (nicken, nach links und rechts neigen) – der Ball soll in der Scheibe bleiben!
- Den Ball unter die Scheibe legen, die Scheibe kann nun wie ein Kreisel gedreht werden

Der bewegte Ball

Material: pro Kind 1 Scheibe, 1 Soft- bzw. Tischtennisball für 2 Kinder

Die Kleinen rollen sich den Ball mit Hilfe der Scheiben zu, Größere können ihn auch in der Luft zuspielen (Pingpong). Viel Spaß!

Zum Abschluss ein Wurfscheibenstapel

Die Kinder stapeln ihre Scheiben aufeinander. Wie hoch kann der Stapel werden, ohne umzufallen?

Auf Entdeckungsreise – Steine, Papier, Schuhkarton

Steine

Ziel

- Material und Formen erkunden
- Einhalten kleiner Regeln
- Ganzheitliches Arbeiten
- Ansprechen der Sinne
- Fühlen der Beschaffenheit
- Spiel allein und in der Gruppe
- Ordnung lernen

Material: 1 Sack voll verschiedener kleiner Steine (flach, glatt, rau, eckig, rund, etc.), 3–4 glatte Steine pro Kind, die jeweils in 3–4 gleichen Farben (rot, blau, gelb und grün) bemalt wurden; Joghurtbecher, Tücher

Tipp: Sind die Kinder noch unerfahren, reichen Sie jeweils nur eine Farbe zum Bemalen der Steine.

Kennenlernen der Steinformen im Sitzkreis

Material: 1 Sack (Korb, zugedeckt) voller Steine in verschiedensten Formen

Die Kinder sitzen im Kreis. Die Gruppenleitung gibt zu dem Satz „Ein (runder) Stein wandert im Kreis“ nacheinander die Steine aus (zuerst die runden und dann andere Formen). Jedes Kind soll genug Zeit haben, die unterschiedlichen Formen der Steine zu begreifen. Das letzte Kind im Sitzkreis legt jeweils den Stein auf ein Tuch. Zum Abschluss werden die Steine mit dem Tuch in die Kreismitte gelegt. Zu der Fragestellung „Wer findet einen flachen (runden, schmalen, rauen, kantigen Stein?“ suchen die Kinder die genannten Formen heraus und geben diese Steine in den Sack zurück.

Welcher Stein hat sich da versteckt?

Von der Gruppenleitung wurde je eine markante Steinform (rund , eckig, flach, etc.) in einem Tuch versteckt. Damit geht sie im Kreis herum und lässt jedes Kind die Steine ertasten. Zur Frage „Wer findet den flachen Stein?“ oder „Welchen Stein hast du ertastet?“ sollen die Kinder den beschriebenen Stein heraussuchen und herzeigen.

Wer passt zu mir!

Material: 4 Tücher, 1 Sack mit bunten Steinen, für jedes Kind 1 Joghurtbecher

Jedes Kind darf sich vier Steine aus dem Sack nehmen und in seinen Becher legen. Die Spielleitung legt einen farbigen Stein auf ein Tuch – die Kinder sollen reihum diese Farbe aus ihrem Vorrat dazulegen. Wer keinen passenden Stein hat, muss auf die nächste Runde warten.

Variante: Eine Farbe rufen, und nur das Kind, das an der Reihe ist, darf diese Farbe dazulegen; muss es passen, kommt sein Nachbar dran. Wer hat zuerst seine Steine abgelegt?

Steine-Memory Nr. 1

Material: 2–3 Tücher pro Kind und 1 bemalter Stein für jedes Tuch

In jedes Tuch wird ein Stein eingewickelt und im Raum verteilt ausgelegt. Die Kinder laufen zur Musik im Raum, ohne ein Tuch zu berühren. Bei Musikstopp ruft die Spielleitung z. B.: „Rot“, und die Kinder sollen so schnell wie möglich zu einem Tuch laufen und nachschauen, ob ein Stein dieser Farbe darin versteckt ist. Wenn die Farbe stimmt, dürfen sie das Tuch mit dem Stein zur Wand des Bewegungsraumes bringen und den Stein darauf offen ablegen. Stimmt die Farbe nicht, wird der Stein wieder eingewickelt, und weiter geht das Spiel. Es wird solange gespielt, bis alle Steine gefunden wurden. Der Rest der Tücher wird zusammengelegt (auf dem Boden zusammenlegen können schon die Kleinsten!) und der Spielleitung gegeben.

Tipp: Einen Sieger (das Kind mit den meisten gesammelten Steinen) sollten Sie nur bei Älteren ausspielen. Ansonsten freuen wir uns, dass wir so viele Steine gefunden haben.

Zum Ausklang verschiedene Steine

Nr. 2

Die Kinder sitzen im Kreis, jedes hat einen Stein mit verschiedenartiger Oberfläche (rau, rund, glatt, eckig, ...) in der Hand.
Die Spielleitung spricht den folgenden Text:
Ein Stein in meiner Hand – ich betaste ihn mit meinen Fingern.
Wie fühlt er sich an? Kalt – glatt – rund?
Ich lasse ihn in meine andere Hand rutschen. Ich spüre sein Gewicht.
Ein kleiner, leichter Stein!
Zuerst ist er noch kalt – dann wird er immer wärmer, so warm wie meine Hand.
Ein Stein in meiner Hand.
Leise, beruhigende Musik setzt ein, die Kinder stehen auf und gehen mit dem Stein im Raum herum. Nach einer Weile werden im Vorbeigehen die Steine unter den Kindern ausgetauscht.
Motto: Gehen und Bewegen, Beruhigung zum Stundenausklang!

Zeitung, Papier und Schuhkarton

Ziele

- ➡ Feinmotorik
- ➡ Geschicklichkeit
- ➡ Fußgymnastik
- ➡ Sinnesschulung
- ➡ Ordnungsübungen
- ➡ Koordinationsfähigkeit (Reaktion, Orientierung)

Material: Zeitungspapier, Illustriertenseiten, Seidenpapier, Backpapier, Butterbrotpapier, Geschenkpapier, Tuch ca. 90 cm x 150 cm

Hinweise: Papiere je nach Art des Spiels verwenden. Das Spiel mit Zeitung und Papier ist ideal, um neue Bewegungserfahrungen zu sammeln. Vor Spielbeginn die Kinder auf die Rutschgefahr hinweisen!

Welches Geräusch hör ich da?

Alle Kinder sitzen im Kreis. Die Gruppenleitung gibt verschiedene Papierarten aus. Diese werden weitergereicht, bis jedes Kind ein Stück Papier bekommen hat. Zum Spruch „Raschle genau so wie ich" werden Geräusche erzeugt. Nach jeder „Strophe" wird das Papier weitergereicht. Somit kann jedes Kind die verschiedenen Papiermaterialien ertasten.

Raschle genau so wie ich,
das kannst du doch sicherlich,
dann raschle ich genau so wie du,
das können wir beide im Nu!

Geräusche wie

- rascheln
- knistern
- klopfen (Papier zu einem Stab rollen)
- knüllen
- reißen

Bewegungsarten wie

- knüllen
- glätten
- falten
- fächern

Zum Schluss wird das Papier über dem Knie glatt gestrichen und der Gruppenleitung zurückgegeben.

Ziehharmonikaball

Wir kennen schon den Vers:
Wir haben eine Ziehharmonika,
eine Tschinderassa, Tschinderassa, bumbum-bum.
Sie spielt uns immer wieder
die allerschönsten Lieder."
Im Sitzen (zum Kennenlernen) oder im Stehen (als Abschluss) wird zum Vers die Spielbewegung nachgeahmt (auseinander- und zusammenziehen). Bei der Textstelle: *„Sie spielt uns immer wieder ...“* wird die Zeitung vor dem Körper geschwungen. Bei jeder Wiederholung des Textes wird das Blatt in der Mitte zusammengefaltet; die Ziehharmonika wird dadurch immer kleiner.

„Hokuspokus, unsere Ziehharmonika wird ein Ball“. Mit dem Ball können wir eine Papierballschlacht machen. Oder: Zwei Erwachsene spannen ein Tuch, und alle „Bälle“ werden hineingeworfen. Bei „1 – 2 – 3 hoch!“ schütteln die Erwachsenen das Tuch aus, die „Bälle“ rollen im Raum herum und können wieder eingesammelt werden.

Abschluss: Nach mehreren Wiederholungen des „Hokuspokus ...“ werden die Papierbälle in einen vorbereiteten Behälter geräumt.

Zeitungswetter

Die Kinder laufen zu Musik mit ihrer Zeitung im Raum herum. Bei Musikstopp werden verschiedene Übungen zum Thema „Auf dem Gehsteig“ durchgeführt:

- Es regnet: Die Zeitung ist der Regenschirm, den wir mit beiden Händen hochhalten können.
- Es ist kalt – wir wärmen uns (mit der zusammengerollten Zeitung den eigenen Körper beklopfen).
- Wir tragen die Zeitung unterm Arm.
- Es kommt ein starker Wind, und wir halten unsere Zeitung ausgebreitet so vor das Gesicht, dass der Gehsteig noch gesehen werden kann.
- Es ist kalt, ich binde mir noch ein Tuch über. Die Zeitung wie eine Jacke um die Schultern halten. Wer kann so schnell laufen, dass die Zeitung von alleine hält?
- Die Zeitung wird zur „Regenpfütze“ über die wir hüpfen – oder haben wir viel mehr Lust, mitten in die Pfütze hineinzuspringen?
- Nun sind alle „patschnass“ geworden – die „Pfützen“ sind leer, und schnell geht es heim zum Umziehen. Die Kinder klettern die Sprossenwand = Stiege hinauf, das Zeitungspapier wird ihnen von den Erwachsenen gereicht und die Kinder lassen sie in ein aufgehaltenes Tuch flattern.

Flinke Füße

Eine Erwachsener und ein Kind stehen gemeinsam auf einem Zeitungsblatt. Mit Hilfe der Füße soll es in ganz viele Teilen zerrissen werden.

Varianten

Als Wettspiel für ältere Kinder: Wer hat in einer bestimmten Zeit die Zeitung in die meisten Teile zerrissen?

Staffel: Zwei Mannschaften werden gebildet. Die Kinder stehen jeweils in einer Reihe hintereinander. Ein Kind steht im Abstand von einigen Metern auf einer Zeitung. Nacheinander läuft jedes Kind zum „Zeitungshüter" seiner Gruppe und reißt mit den Fuß ein kleines Stück ab, hebt es auf und läuft zur Gruppe zurück. Dort angekommen darf der nächste starten. Welche Gruppe ist zuerst fertig? Zum Abschluss heben alle ihren abgerissenen Teil in die Höhe.

In der Stadt

Nr. 4

Material: pro Kind 1 leichter Karton, Größe DIN-A4

Die Kartons werden an alle Kinder verteilt, anschließend von ihnen einmal zusammengefaltet (= Hausdach) und im Raum als Häuser aufgestellt. Die Erwachsenen unterstützen beim Bau, so dass regelrechte Straßenzüge entstehen. Zur langsamen Musik bewegen sich die Kinder vorsichtig durch die Häuserreihen. Bei Musikstopp gibt die Spielleitung Impulse wie:

- Wir schauen uns gegenseitig durch das Haus an
- Wir berühren im Haus unsere Hände
- Wir steigen wie ein Riese über die Häuser
- Wir schieben wie ein Bagger zwei Häuser zusammen

Der Putztrupp

Nr. 4

Die Kinder stellen sich mit einem Fuß auf die Zeitung und wischen mit ihr den Boden. Von einer Raumseite zur anderen reinigen.

Variante: Die Kinder stellen sich mit beiden Füßen auf eine Zeitung und bewegen sich so von einer Raumseite zur anderen.

Abschluss-Zielwerfen

Material: 1 Zeitung(sseite) pro Kind, Papierkorb oder Kasten-Unterteil

Jedes Kind knüllt seine Zeitung zu einem Ball zusammen und wirft ihn in ein vorbereitetes Ziel (z. B. Papierkorb, Kastenteile).

Schuhkarton

Material: 1 Schuhkarton pro Kind

Alle Kinder laufen/schlittern mit den Füßen in ihrem Karton im Raum herum. Wenn ein oder zwei Runden vorbei sind, gibt es auf Zuruf der Spielleitung verschiedene Übungen:

- Mit der Öffnung nach oben auf dem Kopf im Gehen tragen (die Hände können zu Hilfe genommen werden)
- Wie einen Hut aufsetzen (Öffnung nach unten) und ohne Handunterstützung im Raum bewegen. Kinder bekommen den hohen Kartonteil, Erwachsene den Deckel
- Einmal rechts, dann links auf der Schulter tragen
- Auf den Boden legen; mit einen Fuß hineinstellen und damit „Roller fahren"; mit dem anderen Fuß wiederholen
- Arme ausstrecken, Handflächen zeigen zum Boden; den Karton auf die Hände stellen und sich vorsichtig fortbewegen
- Im Vierfüßlerstand den Karton auf dem Rücken im Raum herumtransportieren

Kartonrallye

Die Erwachsenen stellen ihre Kartons mit Abstand im Raum verteilt auf. Die Kinder stehen mit gestreckten Beinen und nach oben gereckten Händen in ihren Kartons. Die Erwachsenen stehen hinter den Kindern, umfassen sie im Bergegriff und ziehen sie rückwärts im Slalom um die im Raum verteilten Kartons herum. In der nächsten Runde wird nach vorn geschoben!

Tipp: Auf Streckung der Beine achten, sonst ist das Vorwärtsschieben nicht möglich. Am Ende der Kartonrallye werden alle Kartonteile nach Größen geordnet und ineinander gestellt.

Schuhkarton und Stofftier

Die oben beschriebenen Schuhkartonübungen haben für die Kinder eine andere Bedeutung, wenn ihr Lieblingsstofftier im Karton mitreisen darf. Die Jüngeren fühlen sich mit diesem vertrauten Gegenstand sicherer, und sie achten stärker auf ihren Umgang mit den Spielmaterialien.

Fühlen und Verstecken – Tücher und Fallschirm

Das Tuch

Ziele

- Bewegungssicherheit
- Koordination
- Feinmotorik
- Orientierung
- Ertasten unter dem Tuch
- Verstecken in einer sicheren Umgebung

Material: Baumwolltücher 90 x 90 cm in verschiedenen Farben

Tragespaß

Material: 1 Bank, 1 Tuch für je 2 Erwachsene

Die Erwachsenen setzen jeweils ein Kind in ihr Tuch, tragen es zu einem bestimmten Ziel (z. B. einer Bank) und setzen es dort ab. Wenn alle Kinder zum Ziel getragen worden sind, geht es im Tuch wieder zurück. Sind die Kinder noch sehr jung, laufen sie beim Transport der anderen Kinder nebenher mit.

Varianten:
- Das Kind schaukelnd tragen
- In verschiedenen Höhen tragen
- Fast zugedeckt tragen
- Das Tuch fest gespannt tragen

Hören und nicht sehen

Material: 1 Tuch, 1 Tasche mit verschiedenen, den Kindern vertrauten Gegenständen

Die Tasche wird in die Mitte des Kreises gestellt, und die Kinder begutachten die Dinge in der Tasche, Anschließend nimmt die Spielleitung einen Gegenstand nach dem anderen, legt ihn unter das Tuch und lässt erraten: Was ist das für ein Ding? Haben Sie es schon mit einer Rassel versucht?

Nimm mich mit

Jede Erwachsene braucht ein Tuch. In diese „Eisenbahn“ darf das Kind einsteigen und wird mitgezogen. Beim „Fahren“ kann es auch auf dem Bauch oder Rücken liegen. Ziehen Sie anfangs das Tuch mit Blickrichtung auf das Kind, dann können Sie seine Reaktion besser beobachten. Weniger anstrengend als mit einem Baumwolltuch ist das Ziehen mit einem Leintuch.

Sonnentanz

Ein Tuch liegt in der Mitte, und eine Erwachsene stellt sich mit ihrem Kind darauf. Das ist die Sonne. Die anderen Tücher liegen um die Sonne herum. Auf jedem steht ein Erwachsener und ein Kind. Sie sind der Schatten. Nun macht die Sonne, also die beiden, die in der Mitte stehen, etwas vor, und die Schatten versuchen, die Übung genau nachzumachen:

- Das Kind auf das Tuch setzen und schwingen
- Auf dem Tuch in Handfassung hüpfen
- Sich unter dem Tuch verstecken
- Sich auf das Tuch stellen und vorwärtsbewegen
- Jeder Schatten wird auch einmal zur Sonne.

Verkleiden mit nur einem Tuch

Zur Marschmusik im Raum mit den Tuch winkend gehen. Der Spielleiter ruft „Hokuspokus“ und alle Kinder verkleiden sich als

- Bäuerin = Tuch wird als Schürze gehalten
- König = Tuch wird um die Schulter gelegt
- Braut = Tuch wird am Hinterkopf als Schleier gehalten
- Hexe = Tuch wird aufgesetzt
- Gespenst = Tuch wird über den Kopf gelegt, sodass fast nichts gesehen werden kann.

Wer hat sich da versteckt?

Wir sitzen im Kreis auf Matten. Ein Kind versteckt sich unter dem Tuch. Die Spielleitung stellt Fragen wie:

- Welche Schuhe hat Nicole an?
- Welche Hose hat Christian an?
- Hat Anna lange oder kurze Haare?

Tiere erkennen Farben

Verschiedenfarbige Tücher (rot, gelb, grün, blau) liegen verteilt im Raum. Die Kinder bewegen sich wie Tiere:

- Hund – läuft auf allen Vieren
- Katze – schleicht mit geschmeidigen Bewegungen
- Elefant – hält den Rüssel
- Schildkröte – macht sich klein und versucht, mit dem Kopf zu wackeln
- Pinguin – watschelt von einem Bein zum anderen
- Frosch – hüpft vorwärts
- Ente – geht mit am Rücken zusammengehaltenen Händen (als Schwanz)
- Hirsch – mit gespreizten Fingern ein Geweih bilden

Die Spielleitung ruft z. B.: „Hunde zu den grünen Tüchern (= Wiese; blaue = Wasser; gelbe = Sonne; rote = Mohnblume), und alle Kinder führen das mit der typischen Bewegung aus.

Fallschirm

Ziele

- ➡ Koordination (Reaktion, Orientierung, Rhythmik)
- ➡ Geschicklichkeit
- ➡ Beweglichkeit
- ➡ Konzentration, Entspannung
- ➡ Sinnes- und Körpererfahrung
- ➡ Gruppenspiele

Material: 1 großer Fallschirm (12 Griffe); Luftballon, Overball, Tischtennisball

Kennenlernen des Fallschirms

Die Kinder ziehen den Fallschirm aus der Schutzhülle, wobei der Gruppenleiter das Herausziehen durch das Festhalten der Schutzhülle und des Fallschirms unterstützt.

Was lässt sich alles anfangen mit einem Fallschirm:

- Die Erwachsenen und Kinder halten den Fallschirm am Rand fest; das Luftballons und Overbälle liegen auf dem Fallschirm und werden durch Schwingen zum „Fliegen" gebracht.
- Die Erwachsenen schwingen den Fallschirm; beim Impuls „1, 2, 3 hoch" heben sie den Fallschirm in die Höhe und bauen dadurch ein Zelt für die Kinder, die darunter spielen.
- Erwachsenen und Kinder schwingen gemeinsam den Fallschirm; beim Impuls „1, 2, 3 hoch" heben sie den Fallschirm in die Höhe und setzen sich auf den Boden, halten dabei den Fallschirm fest, so dass dieser ein Zelt über ihnen bildet.

Es regnet

Die Erwachsenen gehen den Fallschirm schwingend im Raum herum, und die Kinder bleiben unter dem heftig bewegten „Regenschirm". Abwechselnd bestimmt ein Erwachsener durch leichtes Ziehen die Gehrichtung.

Katz und Maus

Zwei Kinder befinden sich unter dem Fallschirm, sie sind die Mäuse, zwei auf dem Fallschirm. Diese Katzen versuchen, die Mäuse durch Berühren zu erwischen. Die anderen Kinder schwingen den Fallschirm in Wellenbewegungen, damit die Mäuse nicht so leicht zu fangen sind.

Partnerlauf

Eine Erwachsene und ein Kind laufen unter dem hochgeschwungenen Fallschirm zu einem anderen Paar. Mit dem wechseln sie die Positionen, das heißt, die beiden anderen laufen jetzt ebenfalls unter den Fallschirm und suchen sich einen neuen Platz.

Torball

Material: Fallschirm und mehrere Tischtennisbälle

Die Kinder schwingen den Fallschirm und versuchen, die Tischtennisbälle, die auf dem Fallschirm rollen, durchs „Tor" (das ist die Öffnung in der Mitte des Fallschirms) zu bringen. Alle arbeiten zusammen und wollen ein gutesErgebnis erreichen.

Fliegender Ball

Die Kinder schwingen den Fallschirm und versuchen, einen Overball so lange wie möglich auf dem Fallschirm zu halten. Auch hier heißt es: Gute Zusammenarbeit ist besonders wichtig!

Fallschirmwellen

Die Kinder sitzen oder liegen mit geschlossenen Augen eng zusammen in der Mitte des Fallschirms und genießen die leichten Wellenbewegungen, die von den Erwachsenen erzeugt werden.

Anhang

Autorin und Autor

Elfi Schuster, Kindergartenpädagogin mit Zusatzausbildung Sonderpädagogik. Langjährige Erfahrung in der Erwachsenenbildung als Referentin im Bereich Kleinkindpädagogik. Bietet seit über 25 Jahren vor Ort und überregional gut besuchte Eltern-Kind-Spielgruppen und Turngruppen für Kinder von ein bis sechs Jahren an. Sie hat mehrere Bücher bei rororo und Südwest veröffentlicht, ihr Bestseller „Basteln mit den ganz Kleinen. Spiel und Spaß von 1–4“ erschien im Rowohlt Taschenbuch Verlag (rororo) und wurde über 40.000 mal verkauft. Elfi Schuster ist verheiratet und Mutter von zwei (erwachsenen) Kindern.

Mag. Oliver Jarau, Studium der Sportwissenschaften und Diplom-Psychologie. Geschäftsführer des Club Aktiv Gesund der ASKÖ Salzburg. Tätigkeitsschwerpunkte Fitness und Gesundheitsförderung für Kinder und Erwachsene. Langjährige Erfahrung als Referent in der Erwachsenenbildung im Bereich Kindergartenpädagogik und Gesundheit. Oliver Jarau ist verheiratet und Vater von drei Kindern im Alter von zwölf, neun und sieben Jahren.

Die Illustratorin

Rebecca Meyer ist in Heidelberg geboren und hat in Dortmund Design studiert. Nach längeren Auslandsaufenthalten und Praxisjahren in freier Kunst und Werbung machte sie sich 2002 als Illustratorin selbstständig. Seitdem arbeitet sie erfolgreich für verschiedene Schulbuch- und Kinderbuchverlage und leitete einige Jahre an Schulen Kurse für Malerei und Zeichnen. Sie lebt mit ihrer Familie in einer kleinen Gemeinde bei Bonn.
www.rebecca-meyer.de

Register der Spielanregungen und Übungen

Die Titel der Spiel und Übungen sind alphabetisch aufgeführt, bei „der, die das" werden sie nach dem Anfangsbuchstaben des folgenden Wortes eingeordnet.

S

T

U

V

W

Z

www.oekotopia-verlag.de

Ökotopia im Internet:
Alle Bücher und CDs finden Sie in unserem Online-Webshop

Exklusiv nur bei Ökotopia:
Lese- und Hörproben, kostenlose Liedertext-Datenbank, Schnäppchen, Veranstaltungstermine, Informationen zu den Ökotopia-AutorInnen ...

Bleiben Sie mit uns in Verbindung

Fordern Sie unseren kostenlosen Magalog an:

Ökotopia Verlag
Hafenweg 26a · D-48155 Münster
Tel.: (02 51) 48 19 80 · Fax: 4 81 98 29
E-Mail: info@oekotopia-verlag.de

Gertraud Mayrhofer
Kinder tanzen aus der Reihe
Von Herbstdüften, Frühlingsklängen und Sommerträumen – ein Jahr voller Begegnungen, Berührungen, Bewegung und Tanz

ISBN (Buch inkl. CD) 978-3-936286-45-8

V. Sommerfeld, B. Huber, H. Nicolai
Toben, Raufen, Kräfte messen
Ideen, Konzepte und viele Spiele zum Umgang mit Aggressionen

ISBN 978-3-931902-41-4

Johanna Friedl
Das Ballspiele-Buch
Rollen, werfen, fangen, zielen - Ballspiele mit Kindern für alle Gelegenheiten

ISBN 978-3-936286-63-2

Wolfgang Hering
AQUAKA DELLA OMA
88 alte und neue Klatsch- und Klanggeschichten mit Musik und vielen Spielideen

ISBN (Buch) 978-3-931902-30-8
ISBN (CD) 978-3-931902-31-5

Volker Friebel, Marianne Kunz
Rhythmus, Klang und Reim
Lebendige Sprachförderung mit Liedern, Reimen und Spielen in Kindergarten, Grundschule und Elternhaus

ISBN (Buch) 978-3-936286-61-8
ISBN (CD) 978-3-936286-62-5

Sabine Hirler
Kinder brauchen Musik, Spiel und Tanz
Bewegt-musikalische Spiele, Lieder und Spielgeschichten für kleine und große Kinder

ISBN (Buch) 978-3-931902-28-5
ISBN (CD) 978-3-931902-29-2

Andrea Erkert
Das Stuhlkreisspiele-Buch
Bewegte und ruhige Spielideen zu jeder Zeit und zwischendurch

ISBN 978-3-936286-26-7

Birgit Kasprik
Wi-Wa-Wunderkiste
Mit dem Rollreifen auf den Krabbelberg - Spiel- und Bewegungsanimation für Kinder ab einem Jahr

ISBN 978-3-925169-85-4

Wolfgang Hering
Kunterbunte Bewegungshits
88 Lieder, Verse, Geschichten, leichte Hip-Hop-Stücke und viele Spielideen zum Mitmachen für Kids im Vor- und Grundschulalter

ISBN (Buch) 978-3-931902-90-2
ISBN (CD) 978-3-931902-91-9

Constanze Grüger
Bewegungsspiele für eine gesunde Entwicklung
Psychomotorische Aktivitäten für Drinnen und Draußen zur Förderung kindlicher Fähigkeiten

ISBN 978-3-936286-00-7

Bettina Ried
Eltern-Turnen mit den Kleinsten
Anleitungen und Anregungen zur Bewegungsförderung von Kindern von 1-4 Jahren

ISBN 978-3-925169-89-2

Johanna Friedl
Alles hat Hand und Fuß
Spiele zur Förderung der Motorik, Koordinations- und Wahrnehmungsfähigkeit für Kinder von 0–8 Jahren

ISBN 978-3-86702-140-1